U0580261

行者系列

梁洪生 著

行走『江湖』

区域研究的学步与承传

北京师范大学出版集团
BEIJING NORMAL UNIVERSITY PUBLISHING GROUP
北京师范大学出版社

祠堂有人将老谱与新谱尽力收齐

更多的谱本是由私人保管而族人都知晓保管者

黎川县洲湖村黄氏旧谱

有些家族仍然采用木活字手艺印谱

金溪县谢氏合修新谱

新式的文化人依然是修谱主力

20 年前学生带来的家族谱饼，只有男丁可以领取

1999 年 7 月，多个国家与地区 39 名学人考察粤赣两省，特意徒步穿越大庾岭商道

1999 年 7 月乘船考察洪水中的永修县吴城镇

1999 年 7 月在江西师大合影，打开窗户的房间就是最早的区域社会研究资料
中心，面积只有 12.8 平方米

本大學敬奉我民族領袖之名而名之創斷於戰時建立於戰地轟炸不垣破厄中留此基巍巍堡壘墨莊嚴興大之精神光輝百世中華民國二十九年十月三十一日熊式輝撰書

"国立中正大学"成立奠基碑文

2001年10月与法国劳格文博士考察樟树市阁皂山

2006年哈燕学社访学期间参加"历史学与人类学的对话"，与丁荷生、宋怡明、郑振满、钱颖合影

2006 年 6 月参加哈燕学社 "Reviewing the Past, Projecting the Future" 学术研讨会的部分学者合影（右起：刘平、王笛、孙江、王明珂、梁洪生、沈国威）

2011 年 1 月考察香港南丫岛（前排左起第三位是詹益邦老先生）

厦门大学历史系民间历史文献论坛是年年一开的常青树（2011 年第三届）

2019 年 11 月考察福建永安县，缅怀 80 年前傅衣凌先生的田野工作贡献

目录

◎ 代序：回望"行走"

（一）

该序的最初定稿，落笔于 2020 年 1 月 31 日，那天是正月初七。文末第四部分只有一行字，"今年春节闭门禁行，在我的经历中前所未有。得闲完成全稿，也是一得，特志之"，明显带有"立此存照"之意，也反映了当时对那场疫情的乐观也是无知的预测。近日看到文集校对版时，则已过去四年，回想数年疫情防控情景，刻骨铭心；虽说相去不远，却已恍如隔世，令人感慨万千！

北京师范大学出版社提供这样一个机遇，收我近 30 年专题研究之外的部分文字，得以记述"行走"历程，真是很感谢。

选文时间之长，却出乎自己的预料。2019年底遇世瑜兄，催促的同时戏言我爱惜羽毛，这话大约说对了一半，另一半是不知我的难处。一是早期的一些文章本无电子版，要设法找到原文再输入电脑，或由印刷版转换成电子版，逐字校对，颇费时间；二是后期一些文章有存档的电子版，但和发表后的文字比较又发现多有不同，两相对照，颇费心力——不悔少作，只改错字，不删改叙述字句，让面世之文再现一路走来的我，是自己选文时定的头条规矩，必须遵守；三是一批村、镇研究的原文附表甚多，想要准确再现，甚至要找当年的纸质手稿，真是累人。再说毕竟还是一种"整理"，如何既能集萃又能有些凝练，还是要费心思的。能不能做到不敢说定，但理要想清楚、话要说明白，难免多花时间，况且也值得。

圈内人知晓，我也从未讳言：从1984年开始，我用25年时间走遍江西全部县市，所以选文最先想用的标题就是"行走江西"。好心的朋友可能觉得不抢眼球，建议改成"行走江湖"。但我又担心给人误导出青红帮或袍哥的感觉，离我的关注点过远，所以又折中一下，给"江湖"带上引号，释"江"为"赣江"，"湖"为"鄱阳湖"，其实还是代称"江西"。尽管有点绕，我还是颔首赞同——人们可能觉得江西小或分量不够，我则在行走这么些年后，觉得江西还是太大，放在欧洲已是个中型国家的版图嘛，以为应按流域和明清政区划分的基本理路，再分成几个小板块研究才得深入。近年我多次说到这个观点，身边的同人可以证明。

又一遍复读入选文字，本已凝结的思绪和时光再度流动起来，感觉既轻松也复杂。想想这近30年时间里，我大致就在做三件事：反思；观摩；行走。其中"行走"的写实是跑路，它的文字表现就是研究历程，所以选文也是按照课题研究和铅字面世的时间先后来排序，直到《不忘来路是我辈的责任》，可以视为一个总结。如果用"行走"喻指人生历程，那么"有事认真做，有话好好说"大约可作为自己的归纳，或是希望自己能够尽力做到。至少我在内心，是极其感念这样一个历程的，可谓岁月流金。

在现在这样一个资讯横流、遗忘极其快速的时代，还有谁会去仔细"回望"呢？——大约只有自己。每个人可能都想自己有一片江湖，"回望"也是一种排空，过后心神宁静。

（二）

因为做过了系统"回望"，才意识到这些年来已不时"回望"。最初的留痕，应是2000年撰写的《〈江西公藏谱牒目录提要〉自叙》，说明最初的行走往往是机缘所致。1984年新婚之后，我随妻子到她的原籍做娇客。那是赣中南的一个山间小盆地，得名"酒坑"，当时还没电，晚上点煤油灯。

偶然见到一册民国二年修《会安黄氏族谱》，引发我很多感触。此后几乎一两年就要回到那片土地上一次，祭祖、探亲，由是深入一个处在吉泰盆地边缘和后来泛称为"客家地区"的交界点上。在此的经历有两点令我受益匪浅：一是在不大的空间范围和人们的日常来往中看到（或体会到）长期形成的隔阂和冲突，以及为了维护自身利益，各方都在做着力所能及的各种建设，从宅第到祠堂到庙宇到村口的风水树与水口，以及颁发烈属光荣牌和"畲族村"命名等。二是从一个小"坑"走到另一个稍大的"坑"，再到更大的"坑"，最后遇见更高的山，过不去了。山那边又是一串从海拔高度到面积大小都不相同的"坑"，形成了另一人群的生活单元。正因为有这种体会和基本印象，所以在进入乐安县流坑村考察后，即知我进入了一个更大的"坑"，一个稍小于县城的中型盆地，唐末宋初就有人群在此开拓定居。"酒坑"—"流坑"的人群生活内涵和传统文化品质之差异，刚好折射了语言不同、来源不同的两类族群在不同空间中的演进历程。此后以这两个"坑"为基础，再扩大到其他流域、其他村镇做的考察和对比，才提炼成我解读江西历史地理和地域开发及族群关系的"盆地结构"模式，并坚信自己说的是"结构的过程"，而不是一个空空的"结构"。

1999 年《追求历史学与其他社会科学的结合——区域社会史研究学者四人谈》中的如下感受，首次总结了20世纪 90 年代后我逐渐具有的理论追求："我是由于很偶然的机遇，1990 年到厦门大学中国经济史博士点做了一年的国内访问学者。那一年我最大的收获是在思想和方法论上发生了革命性的转变，觉得获得了很多新鲜的东西。但这只是开始认同社会史的理论方法，真正走入社会史的研究，从不自觉到自觉，还有一个自己参与的过程，需要实际去做具体的研究，在操作的过程中才能体会到为什么会提出这些问题，这些为什么会成为问题。"五年后在《江西遭遇世界》一文中，对此又有进一步回溯。这一阶段的自觉践行，当以吴城商镇的考察为开始标志。尽管选择此地的第一冲动和最大理由，还是吴城镇的系统研究基本是空白，我不愿吃别人咬过的馍，但我自信是从厦门大学盗了一些火回来的，进入田野时已带了一些新关怀在内。所以第一时间去接触很多当地人，从前商会会长到第一批土改干部，再到公社时期的排运队队长，以及乡政府食堂的厨师——后来他讲述了一批土著叶氏的故事，包括他们祖祖辈辈都在冬天蚌湖捕鱼，用铳打天鹅。那块民初镌刻的《重修聂公庙碑》，也是在渔民家喝水时意外发现的，主妇将它放在厨房垫脚，生生磨残了半边字迹。我趴着抄了整整三个半小时，找到残存的 158 个商号，凡是著名的钱商全都排在前列，这是全镇认同聂公庙的重要历史依据。神庙祭祀背后的复杂关系必须继续了解，吴城商会和商镇神庙系统的研究和解读就此展开。这些内容和做法对我来说都是陌生的，初尝时颇感艰涩和费难。

此后我又跑到湖的对岸，追踪一批主要靠捕鱼为生的人群，并考察其村落周边的生态变化，从自然的到社会的，无论自己有意无意，皆扑面而来，不期而遇。特别是后来要去亚洲研究协会（AAS）年会报告时，我的准备中有三分之二是应对可能在方法论方面的诘疑，尽管自信历史资料和具体事象已烂熟于胸。因为在考察中时时听到渔民宣称"水无硬界"，又同时看到不同的渔民在家谱、契约和协议中都这样说，当作自己越界捕鱼的合法依据，我才能最后归纳出湖区"水面产权的季节性模糊"这一术语。此外更重要的是，我对这一大片水面与周边人群生活的关系有了总体认识，即濒湖市县都有一批"池"（小水面）分布于低洼地区，平时有天然的沟渠与更大湖面相连。每到雨季，"池""湖"同时涨水连成一片，形同汪洋；到秋冬枯水季节，"池""湖"分离，相隔几百米到几千米甚至更远不等，中间是大片草洲、湖地甚至稻田。濒湖地区众多的村庄就分布在这样一片片小水面周边，传统时期村民一直视之为"私业"。而到了后来，这些"私业"不断萎缩以及集体化、国有化，一个统一管理的"湖面"逐渐生成——如果不到现场去考察这样一个演变过程，而只用今人眼前的印象去解读湖区历史文献和渔（农）民生活，甚至将现状推及（或说是臆想）更早的传统时代，大约没有不说错话的。

21 世纪初大范围铺开的"历史文化名村名镇"和"中国传统村落"考察活动，又是一次新机缘，使我得与建筑学、城乡规划等专业的朋友同行，交流切磋，不仅丰富了相关的专业术语和技术知识，更使我意识到以往乡村历史研究的一个苍白之处，即不懂得传统聚落里的建筑形制、材质、风格和街巷肌理等，以及其背后牵连的方方面面。仔细想想过去百姓说的"老婆孩子热炕头"，就不难体会"房子"对于传统聚落里的人是何其重要，做历史的人理应将其列为研究传统聚落和家族时不可或缺的要素。为此我由衷地怀念去年离世的黄浩先生，他进大学和我出生是同一年，是正宗的建筑学专业科班生，最后成为中国传统民居研究的泰斗级人物。我们两个忘年交同行了 20 年。在许多富有特色的传统建筑面前，他会精准地讲出建筑构件的细微差别，特别是背后的道理和智慧；我则运用阅读族谱和碑刻的本事，使这些建筑与具体的时代和某些人物联系起来。长此以往，心领神会，最后形成的共识是：当我说"做乡村历史研究的人怎么可以不懂民居？"，他则大声疾呼"做传统民居研究的人怎能不懂历史？！"——当你在数日之内持续进入若干不同的聚落，走街巷，入民居，看祠堂，读家谱，问族老，那种强烈的视觉冲击和记忆犹新的对比，会使你立刻看到很多的"不同"：哪怕是相隔不远的人群，可能都存在很不相同的生存意识和生活智慧，更不要说这些民众行为之中反映出来的那种层次不同的文化浸淫力和说不清道不明但就是在他们身上体现出来的某种差异！也许最打动我的，就是这一点。

正是因为意识到了有"不同"又有"同"，而且越到后来，越是在各种强大的外力作用下"趋同"，所以我在考察和研究中就更加警惕和小心，更加明白即便是二三十年前看到的乡村，也已不是民国更不是明清文献所说的那个传统社会了。也正因此，我会更加敏感地去关注如何"变"，并进一步思考古代人要多长时间和在什么条件下才会"变"。行走的体验告诉我，在近代出现公路、出现汽车之前，人们基本以船只为远行工具，先人生活的那些物理空间条件、优势与局限，所能创造的各种工具和生成的智慧等，可能在数千年间并无多大变化。用这样一个基本常识去看先人记载的"二水汇流""三县交界""四面环堵"等资料，就一定不会再视而不见，而是会用更多的时间和精力去琢磨，这些先人基本无法逾越的条件会怎样深深影响他们的生活方式和交往关系等。也正因此，我才会在10年前提出近代史研究中要特别注意"短时段"问题，就是看到了近现代的变化远远大于古代，完全不能等量齐观，更不容一言以概之。如果说在江西跑了这么多"传统村落"后，常有"比闽广晚了20年却又好生面熟"之叹，那么当我们深入追问为什么偏偏是这些村落而不是周边那些村落可以浮出水面的时候，当我们仔细思考它们在解读近代中国社会走向方面会有怎样的独特穿透力的时候，就会无比兴奋：这还是一般意义上的那个"中国传统村落"吗？是否应感悟到它们的出现是一种宿命式的历史必然？！因此也庆幸在行走多年后，上苍给予了我莫大回报：让我可以抵近考察和细细把玩一二"传统村落"，并尽量精细地讲述其近千年的故事。只要有心有力，就值得一试。

正是在不断行走进入各种地理环境并触摸其人群生活和演变后，我初步形成了江西为"盆地结构"的理论阐释，至少可作以下八点表述。其一，盆地在不同的海拔高度都存在，盆地的大小与其海拔高度成反比。其二，盆地都有泉、溪、河等伴生，并汇成该县域内某条支流的源头。每个县域范围内，由各个盆地和支流构成"丰"或"非"字形的基本空间结构关系，把大大小小的村落串联起来。其三，盆地与盆地之间必有隘口，往往狭窄难行，成为阻击"外人"进入的天然屏障，这也是冷兵器时代得以小地域割据和进行游击战争的地理环境。其四，不同的盆地可以给出传统社会生活史意义上的三项考量指标：（1）生态容量；（2）生产容量；（3）养育人口。其五，盆地是传统社会乡民开基的首选地形，山区民众主要在盆地生活而不是在山头生活，这也是一些初涉山区或"棚民"研究者常常望文生义错解错说之处。其六，盆地越小，其中人群生活的相似性越强，反之则其中人群生活的相似性逐渐减弱。其七，不同时期开基的民众，占有和掌控不同的盆地。因此盆地不仅是一种自然地理地貌，还是一种与其中人群的身份认同紧密相联的空间标志，进而在长期历史过程中形成复杂的区域社会结构。其八，大盆地"小故事"，小盆地"大故事"——越是大盆地的家族谱牒，越是使用小地名作为谱名前缀，譬如《流坑董氏重修族谱》《金溪左坊詹氏族谱》《钱团陈氏五修族谱》等，换言之就是突出其盆地所在和地域及历史特征，坚持讲"自家事"；而越是小盆地的家族谱牒，越是只有单纯的姓氏冠名，譬如《李氏族谱》《黄氏族谱》《温氏宗谱》等，越是看不到"自己"而只有缥缈的先世故事，甚至谱头只有一篇《圣谕广训》作为统领和政治表态而已，其余的就只有世系图了。如果再看到大盆地大房子多、豪宅多、富家多，小盆地土砖屋多、干打垒建筑多、外来移民多等，恐怕就更容易理解近代以来的族群冲突和红色革命等的起因了。宋、明以来江西民众热衷于编修谱牒，包括很晚进入山区的移民也要加入这项要花钱要找人的"文化"工作，恐怕正是因为谱牒不仅记录了他们以大小村落为居住地的传统盆地生活，而且盆地的"公事"集中反映在谱牒中，记录得越多，越说明在盆地生活中有实力，有支配地位。基于以上认知，如果还有条件继续行走下去，收集整理和研究江西的谱牒，我将乐此不疲。

（三）

我的行走乐趣，或可谓之"四有"，即有师友，有家人，有学生，有一片喜欢的天地——仅述"师友之乐"于下。

大致从厦门大学访学开始，直到以后很长时间内，我对江西史学队伍的研究实力和学术地位，一直有"偏师"之论和站位自觉——无论从大学建设的历程，还是学术传承的来路，或是研究著作出版的时间来比较，江西都比外省学术重镇晚了二三十年。若从清代考据江西未能跟进来算，空档更有百年之久。江西需要补课，要多看多学，具体而言，向东要懂得什么是"海洋"，向西要明白何谓"少数民族"，唯有如此才会搞清楚自己是谁。舍此，我不知还有何良法可以做出好的学问。一代人完成一代人的事功，足矣。因此，我一直视振满教授为业师；还有志伟、春声、世瑜、小军诸君，也是多年的向导和同路人，他们对于重新解读中国传统社会发展脉络的理论追求和学术雄心，始终令我钦佩。由此还可追溯到曾策划大规模合作研究的萧凤霞教授、王秋桂博士和科大卫（David Faure）教授等人的学术组织能力——仅仅估算这些年来颇具规模的田野考察经费，我想在其他省（区、市）的高校或研究机构中，大约很难有人能出其右。还有一批讷直守信的朋友令我念念不忘，他们是蔡志祥、廖迪生、张兆和、黄永豪与马木池，延续这一风格的马健雄博士，以及默默支持众人的长者詹益邦先生。记得2005年4月初，我开完AAS第57届年会后顺访哈佛大学，在历史系做了一场演讲，巧遇正在哈佛燕京学社访学的迪生博士和中山大学周湘博士，当晚畅谈甚欢。次日迪生一家又设宴款待，那种为朋友发出的无私欣喜，真是感人——这些朋友使我坚信，在治学最为用力然而通信远不及现在便捷的孤寂阶段，曾与他们同行是多么幸运！最好的人生经历，应是一批人可以互相感染共同去做一件事。当一批可以视为同志的人都怀有一些大关怀时，那种时代感、成就感和亲和力，恐怕都是共通的。

（四）

2023年初人员流动放开后，永修县政府找我为他们设计吴城镇历史文化博物馆，且以一句话最终说动我："给你一个大空间，把你30多年的吴城研究和考察资料都展示出来不好吗？"为此我花了不少时间和心思，为之设计的主题是"山湖吴城镇"——一片海拔不到30米的小丘陵，本名"吴城山"，六朝以来鄱阳湖大水面逐渐南侵，这片丘陵濒水后建起神庙亭台，可以祭拜，还可停靠船排，遂成为水运要道和商旅必经之处。从"吴城驿"到"吴城市"，到康乾年间最终形成繁华的"吴城镇"，与江西其他三大商镇齐名。

"山——湖——镇"的演变时序和发展逻辑清清楚楚，博物馆名牌也披红等待揭幕。就在年底正式开馆前三天，布展人员突接主官电话，立马改为"江湖吴城镇"！新换的展馆名牌随即上墙，事后我才得知，亦无须"颔首"了——只要陈展之"实"不变，"名"也可不太计较，见仁见智罢了。只是想到四年之内两度被拉进"江湖"，冥冥中可有外力推动乎？私底一笑，记述于此，都作为"行走"历程中意想不到的见闻、体验和收获吧。

梁洪生

2020 年 1 月 31 日第一稿

2024 年 1 月 1 日定稿

访谱近人

◎ 近观江西民间修谱活动

　　过去一段时间内，农村旧谱曾毁损了无数，但近十余年来，不少地区又盛行修"新谱"，大有"春风吹又生"之势，不容人们视而不见。作为一种文化现象，这本身就十分耐人寻味。近年，少数学术研究机构开始收集新谱，一些学者也执着地走向民间，对不少乡村出现的修谱、建祠情况进行细致的观察和冷静的思考，都是在这个大背景下进行的。

（一）江西基本印象：农村普遍修谱

　　江西修谱历有传统，劫后幸存的旧谱至少还有 3 万部以上，成为续修新谱的重要"母本"和历史依据。总的说来，江西各个地区的农村，撰修新谱都进行得颇有声色。但具体有多少数量，谁也无法进行确切统计。修谱这一事实，不时在各级政府管理层的文件、通告中有所反映，有的已见诸报端，说明具有普遍性。其中最明确的报道，当数《南昌晚报》1989年5月的一文，题为《"族谱热"在赣东》。"赣东"指抚州地区，旧属临川郡，宋明人文昌盛之地。文称：

> 修宗谱，正在赣东形成一股潮流。这股潮流大约始于1984年。近两年陡然兴盛起来，至今已是波翻浪涌。
>
> 抚州市郊及临川县至少一半村、族已重建宗谱，崇仁、宜黄、乐安、金溪、东乡的许多族姓也纷纷响应。以最保守的估计，赣东至少有30万人卷入了修谱潮流。
>
> ……推算起来，目前赣东的农民至少已把250万元资金投入修谱活动。

参与修谱的人数如何得出，不知其详，但我对其修谱实况有颇深印象。1987年11月，经一位民工引见，我去临川县唱凯镇灵山何村考察修谱事。凡是上谱的男丁，每人出钱10.5元，加上其他途径的筹措，集资近10万元，总共修成16箱谱。发谱之日，由几家"万元户"出资，放电影，演地方戏，热闹了好几天。据介绍，在该村刻谱的谱师们随后分为三组，同时在邻近三个村子继续承担刻谱之事。相互影响和仿效，修谱由点而扩大成片。

1989 年 4 月，《江西日报》以《必须制止修宗谱活动》为标题，发表一篇持批评态度的短文，提出：

> 近年来，修宗谱活动蔓延，有些地方已由农村波及到城镇，甚至跨县、越省，联络人数达十万之众……修一套宗谱，集资达十几万至上百万元之巨。

该文对某一具体地点参加修谱的人数和费用，似有夸大之处。从实施情况看，极少数跨省区的联络已演变为同姓宗亲活动，几乎都因为实际操作的困难以及牵涉面太大，中辍不行。在我到过的近 30 个县，还未曾看到一个 10 万人甚至 5 万人合修一谱的实例。另外，跨省情况也当分析。例如，赣西萍乡、宜春、万载等县，与湘东的醴陵、浏阳、攸县等县一直关系密切，走亲戚、通婚姻极为常见。就空间距离计，其相隔不过百里，故其修谱与同一县内的同宗修谱并无不同。在乡民看来，修谱时都是同一祖先的子孙，而不会生出是不是湖南人的感情障碍。这一点，只要细读一下萍乡图书馆收藏的数十部旧谱，就会有所领悟，明白历来如此，毫不足怪。其他方向的边界地区，亦当作如是观。

1994 年 10 月，我在新建县石埠乡观背陈村考察，了解到的情况是，周围二十多个自然村，绝大多数修了新谱，没修的只有两三个。而这一地区就在国道两边，距省会南昌市只有 15 公里，是典型的"市郊"，修谱也达如此密度。据当地一位年轻谱师介绍，新建县农村修谱兴起于 1987 年，1990 年达到高潮，至 1994 年接近尾声，"该修的村差不多都修了"。所以他也放弃刻谱，转而开起小铺。但是他的外公还带领几个谱师，辗转在新建、南昌、丰城、高安、进贤、奉新、靖安等县市操持旧业。

高校是了解修谱概况的很好场所。济济近万师生，一半以上来自省内各县，且有相当数量老家仍在乡村，修谱对他们来说是不期而遇的事。凡被问到的学生，十有七八都说修了谱。其实准确地说，是指他自己"上了谱"，主要的标志是男丁（或含女性）每人交了钱，名字刻到谱上。即使在乡村，也只是在一些同姓人多的大村或母村请谱师，与之相关的同宗和分迁出去的小枝后裔，主要是交钱上谱，并非人人都要参与修谱的具体事务。但作为一种有特定文化意义的活动，修了与没修，上了谱与没上谱，是不同的，即使是涉世未深的青年学生，言语中也反映出这种意识。近年来，许多高校教师也收到家乡修谱的通知，一般也是要求按人头交款，家中子女如有硕士、博士之类的高学位者，交的钱还要比常人多一些，将来谱中自然也列一小传专门介绍。文史专业的专家教授应邀为新谱作序的，也屡见不鲜，有的还写过好几篇。如前文提到的临川灵山何氏谱，就是请厦门大学图书馆的老馆长作序。原因也简单：一是家乡人；二是年长；三嘛，

"他是族里最有学问的人"。

（二）新谱形式：杂糅古今

江西民间修谱，基本处在自流状态。从内容的逻辑性和文字水准来说，也是因人而异、高低不一，自然也没有什么规范性的体例了。估计这种情形，也不是江西一省独有的。

从新谱的印制装帧看，大致有三种类型。

第一类是全部木版活字排印，即旧谱的内容也全用木活字排版，加上新修内容，合成全帙。临川灵山何氏新谱即属此类。故而整个修谱班子共9人，其中专职刻（木活字）的老师傅1人；中年师傅1人，小师傅2人，这3个人专门排版；外带5个小徒弟，专门拣送木活字。全套人马随身带来44箱木活字，其中常用字盘64个。粗略数来，至少有几万个木活字可用。遇到冷僻字，小徒弟出去传话，老师傅只几分钟就刻好一个送来。老师傅自称祖传七代，既刻图章，又事修谱。带来的后生，都是一个乡的人。

第二类是旧谱内容复印，保持原样，新修部分仍请谱师刻印，然后合订在一起。1992年冬天我在永修县吴城镇所见叶氏修谱，即属此类。从纸张上分辨，一部谱明显不同：前半部是标准复印纸，较白，稍硬；木活字印的仍是民间用竹子做的土纸，吸水性强，稍呈黄色，软一些。叶氏人多族大，民国旧谱已达 28 本之多，新修之后增加到 31 本，整齐一摞，高过书桌。

第三类是旧式的圆盘印机铅字印刷。1994 年底我在萍乡彭高镇泉溪村看到的《泉溪刘氏家谱》，堪称典型。八开纸对印两边，外加粗黑边栏。书口处也有仿古鱼尾，且注明卷数和具体名目。主持修谱的人整天坐在印制车间里，印一样张，随即校对。印够份数，马上拆版再排下一页内容。该谱一共印了 90 部，分装 90 个谱箱，无论是体例还是文字水准，均可称为上品。

值得一提的是，现在中小城镇中大批个体的印刷厂、社，为第二、三类印谱提供了很方便的条件。每当我复印某部族谱资料时，马上就会被问到是不是准备修谱，因为这类事见得多了。萍乡为泉溪刘氏印谱的厂家，备有大量的新谱扉页，套红，上有以下说明："本谱在印刷过程中，由于文字的繁简，其中难免有欠妥之处，敬请贵族谅解，并提出宝贵意见。"下面落款为"承印人"某某，其实已有几分广告的含义，带有产品化的趋势。由此联想到前几年与一位台湾学者谈修谱事，他介绍说台湾一些书店有印好的空白谱卖，内里图、表俱备，吊线清晰，买回家照辈分填上人名即可，十分方便。在江西，还未见到哪家印刷厂或书商在这方面动脑筋，搞设计。

无论哪一种印刷或装帧形式，修谱的周期一般都在三个月以上，多则半年或更久。所以除了在印刷厂铅印一类外，凡需请谱师木刻的，都要在村中专辟空间。有不少就在原来的祠堂之中，或借仓库一用。吃住都有专人负责，或包在参与修谱的某个族人家中，这里一般也是与事人员聚议办公的地方。与事的主要人员，都可从筹集的款项中支取一定的劳务报酬。1993年秋修成的新建县石埠乡《方氏族谱》，"后跋"中详载开支细目，兹引于下，亦可见乡民修谱筹款及实际用项之一斑：

（方氏）三支八修资金收支账概况：

本届收入红丁一千九百九十一人，每人十五元，计款二万九千八百六十五元。

赞助款计三千九百八十五元整。

支出：

请谱师，包成品及柴，一万三千五百元。包括利息及开印红丁酒等。

招待来访族中办事人员费，一千九百一十七元九角二分。

办公费，一百八十七元。

旅费，一千五百七十元一角。

首事人员十人工资，一万五千二百五十元。

其余费用，包装电，一千二百八十九元二角二分。

总支出三万三千七百一十四元一角三分。

其余出谱备用，待结账详细公布。

这是刻谱花的钱，还有发谱（即所谓"出谱"）大会的花费不在其中，方氏只有百余元的剩余，显然不够。发谱大事，乡民极感风光，要唱戏，要聚餐，如同过节。各宗枝还要把自己的谱装上汽车，敲锣打鼓，周游一圈，颇有"昭告天下"之势。这些费用，不少地方就由"万元户"们负担，做这种露脸的公益事业，他们也乐意出钱。再说，也是讨个吉利。江西许多地方近年时兴一种做法，叫"抢谱发"，即谁抢到本房族的谱箱，一定要快跑，跑得越快越远，家越发。所以，发谱的台前人头攒动，翘首企盼，很有气氛。发谱，"发"也，谱又代表了祖先的庇佑，这种仪式，活生生表现了乡民普遍求富的心态。

（三）讨论与变通：欲寻求传统文化的积极因素

修谱日盛，引起人们的注目。县级以上的管理层，基本上对此是持否定态度的，前引两报的批评，就是例证。但逐渐出现了一些公开的讨论，是近几年来的一种"解冻"现象。《江西方志》1991 年第 2 期《对当前农村兴起修谱续谱热的思考》一文，是个典型事例。作者是湖南一位县志办公室干部，他对"热"的原因，有两段集中的见解：

在前一段的盛世修志热潮中，全国各省市县修志办都相继发布了《关于征集×××志资料的通告》。在笔者搜集到的百余份"通告"中，毫无例外地载有这样一条："各种谱牒（包括御谱、官谱、小史、内史、名人年谱、氏族宗谱）均在征集之列。"北京图书馆作为中国国家图书馆也向全国各地发出了广泛征集家谱的启事，并决定筹建家谱文献中心。在1985年以来的民间文学普查和文物普查中，谱牒无疑都是其中重要的内容之一。这些信息的大量反馈，似乎明白无误地启示了人们，谱牒作为中华民族的传统文化，越来越受到官方的重视了。

（随着）改革开放政策的实施，港澳同胞、台湾同胞、海外华侨相继回到故土寻根寻源，他们在走亲访友当中，或寻宗，或觅祖，翻箱倒柜搜集家谱族谱。有的是为了光宗耀祖，有的是为了谕示后世。这样，在无形之中传播了谱牒文化。

类似作者这样的认识，近年不时见到一些。如有的报刊还提到，20世纪80年代中后期进行的国土资源调查，确定地域界限，旧谱都是重要的查证依据之一。一篇批评修谱的报道，也承认"在处理一些牵涉到边界权属的民间纠纷过程中，为了说服对方，往往搬出历代宗谱作为证据，有时确也有效"。这些说的主要还是旧谱，事例颇多，有目共睹。湖南这位作者身为一名文化干部，更多的还是注重谱牒在文化、文献上的影响和意义。值得注意的是他对修新谱的变通态度：

> 我们既不能一概地认为兴修族谱热对社会有一定的危害就笼统地加以否定，也不必认为它是一种民族传统文化的延绵就大加推崇，应辩证地加以思考。……我们的党政部门尤其是当地的文化主管部门或史志机构，可以采取大禹治水的办法，让其吸收传统谱牒的精华，引导他们剔除那些不健康的封建糟粕，移风易俗。我们可在体例、结构、内容以及出版、印刷、发行等方面严格把关，使其在弘扬民族传统文化方面发扬光大。

所谓"严格把关"，不免类似空论。因为民间修谱，几乎没有人是为了出版、发行而动作的。如果把修谱看作一种集团活动，把发谱、祭谱看作一种仪式，那么这种活动和仪式的本身，就具有极丰富的内涵，集中了许多的因素，乡民们注重的是这些东西。真正会去详细读谱的已是少数，更谈不上考虑公之于世和出版发行了。但作者的倾向性是明显的，就其工作性质和接触面而言，他正介乎政府和农民之间，显然想找到理解和融通的途径。

刊物加了中性的编者按，要人们思考："关于修谱，中央曾明确指出不予提倡。但目前，修谱之风已在农村的许多地区盛行起来。究竟怎样看待这个问题？本刊编发了以下文章，希望能够引起有关方面的关注。"

莫轻看了这一"文"一"按"，在历来与政策保持高度认同的江西，省级刊物上能这样讨论"犯讳"的问题，实属不易了。应了一句原理：存在决定意识。

与这种新思考对应的，是农村基层管理者态度的变化。乡镇这一层面的干部，对管区内修谱活动的反应，基本上可用"不支持，不干涉，以不引发家族冲突为准则"这句话来概括。另外，他们的家族修谱时，不参与者并不乏见，但按人头收的修谱费一般是会交的，交钱也是一种表态。也许因此而宽容了别人家的修谱，也许多见别人修谱而促使了自己也去交钱。何况现在要他们操心伤神的事太多，修谱的事管不胜管，就采取了很现实的办法。至于那些仍然生活在乡民中的村干部，不参与修谱的实属罕见。我在新建县见过一位精干的村支书，是转业军人，修谱时个人捐了200元，发谱大会上还发了言。问他捐钱动机，说是生了两个男孩，都要上谱，讨个皆大欢喜。在事关家族、村落的集体活动中，村干部很难表现出与一般乡民的差异。

必须承认，乡民们现在的修谱，就是他们的一种活法，是他们的一种文化。既然存在，就有其合理性，就像城里人不必修谱一样。住在城里的人，历来喜欢"教育"和"指导"乡民们怎么生活，动机未必不好。但恐怕应更多地想想：没有离乡离土的几亿人，是否应该有些自己的文化氛围，以及他们现在为什么还需要营造这种氛围。

（本文原刊于《东方杂志》，1995 年第 2 期）

◎ 谁在修谱

近十余年来，至少在中西部的许多农村，修谱已成潮流。对这个事实，关注者的评价不一。权威态度与传媒，多加抨击，由来已久。近年也有文章开始认为，修谱有利于爱国主义教育，因为中国百姓历来把"国"与"家"联系在一起，不爱家，岂能爱国？有人还建议，政府及文化部门，应该对新谱的质量"严格把关，使其在弘扬民族传统文化方面发扬光大"，等等，视角及态度明显不同。但无论哪种观点，几乎都是把修谱作为一种整体"现象"来看待的，很少对这个"参与"者众多的农村社区活动作细部的解析。因而，抨击者尽管声色俱厉，但并不落实，骂完了事；宽容者则不免带有一种理想色彩，所提举措也形同隔靴搔痒，缺乏可行性。客观地说，这次修"新谱"是一种自流行为，遏制不住，也不寻求指导和规范化。不同年龄段、不同经历的人对修谱的态度和投入是不同的，从一个侧面反映出当前影响农村社区生活的不同力量。也许，这是人们最应瞩目之处。而且，作此观察之后，势必生出关于农民精神生活的一连串问题。

（一）老、中、青各据其位

60岁以上的老人，是此次修谱的中坚和引导力量。老人们大致可分为三类。

第一类：辈分高，热心公益事业，较有威望者；

第二类：退休教师或其他一些曾经从事脑力劳动的文化人；

第三类：部分退下来的乡村干部。

他们具有的影响力，依靠不同途径而获得。第一类主要靠天然的血缘关系和个人素质，族人尤其看重他们的"为人公正"。第二类的实力是文化，最后一类则是往日政治地位的惯性作用。从三者的构成看，颇与明清以来成为乡村主要控制力量的"乡绅"有相似之处，但又有本质的不同。即在于：宋以后的传统社会中，各朝统治政策都与家族建设理论并行不悖。特别是到明后期，家族伦理经过文化人的宣教，普及而深入于乡民之中，成为一种日渐深厚的文化积淀和观念传承。以后几百年间，修谱、建祠及集体祭祖等成为人们生活的一部分，是一种常识，并在此基础上潜移默化地形成行为规范。而1949年以后，传统的乡绅阶层被消灭或瓦解，修谱等活动出现了近四十年的断层。所以尽管现在农村文化普及程度明显高于1949年以前，但绝大多数"文化人"已没有修谱的经历和体验，甚至连旧谱都看不懂。只有60岁以上的老人懂一些，修谱由"常识"变为"知识"，变成老人们的特殊文化资源，他们成为修谱的中坚力量，就势所必然了。

老人们的经历不一，但现实状况却有共同之处：他们既不能离土，也不可能离乡，分外依赖于生存的社区环境，特别看重族人群体保持一种和谐的人际关系和亲情氛围。他们的记忆中还有旧日家族组织管理乡村的印象，相当一批老人对目前的治安、自我治理状况不满，尤其对砍伐树木、道路失修、水源污染等生态环境的恶化痛心疾首。在这些变化面前，老人们是弱者。他们有所希冀，但没有新的武器，只能运用他们熟悉的修谱等家族文化形式，借以改善社区环境的秩序和文化氛围。他们深感年事已高，面临"老成凋谢"的危机，他们独有的见闻和经验有可能失传，必须及早抢救。因此，他们在修谱时不辞劳苦，肯下气力，他们也最有时间。

30～50岁的中年人，多对修谱持默认和支持的态度。这批人无疑是乡村建设的主干，村干部也主要产生于这个年龄段。他们一般家庭稳定，生活基本定型。他们当中，特别值得注意的是一批老知青，还有一些旧时家境富裕、有文化根基者的后代，他们对传统社会的生活与文化了解不多（多数在父亲一辈出现断层），但其行为方式，常使人隐隐感到有一种说不清道不明的隔代遗传基因在起作用。他们对修谱基本无知，但配合了老人，是"做事"的主要力量，同时也是族中各"房"参与修谱的代表。另外，相当一批"先富起来"的个体经营者是中年人，他们的参与往往表现为财力的支持，如捐钱较多，在发谱时出专款请戏班、包电影等。担任村干部的中年人基本上持合作态度，罕有置身事外或唱反调者。

30 岁以下的青年，是各地乡村中最活跃、最"不安分"、流动性最大的人群。他们受"电视革命"的影响最大，对家谱、祠堂等旧物毫无了解，没有传统家族道德的负担。故与修谱活动距离最远，态度最为淡漠。但一般不拒绝以家族一分子的身份支出修谱的钱（这一举动往往由属于中年人的父亲捐款的时候代为完成），而且会因自己的名字也要在谱中出现而显出某种好奇，但仅此而已。因为青年的文化水准普遍不高，尚无法组合成可与老人抗衡的新知识力量。所以，他们的淡漠也是放弃了（或还不足以形成）对这次修谱的某些应有的影响。另一些考入高校的农村青年，已经脱离了原来的环境和文化氛围，角色发生转换。还因为被族人视为"人才"之一，修谱时必须多交钱，单立小传而获得特殊的荣誉。

他们虽然身在外地，却难以抗拒地被"整合"进家谱了。

（二）"三胞"族人推波助澜

"三胞"（台湾同胞、港澳同胞、海外侨胞）族人的介入，被一些传媒认定是推动大陆（内地）修谱的力量之一，这大致是不错的。但事出有因，且感情复杂。首先是他们为修谱慷慨解囊，凡有"三胞"族人捐资之处，乡民要出的钱就不多了（一般不超过几元），修谱自然容易进行。出钱多，说话的分量自然加重。其次是外出者对家族活动独有一番情感，试举一位台胞为族人撰写的修谱"执行要点"前言部分，予以佐证：

> 本族（旧）家谱尚属完整，并按年期增订，族人深感昔贤致力之功。……兹值社会情况趋于稳定，城乡经济渐苏，人伦亦见返本还源。昔时流亡奔析者，日渐归乡。宗室重回，温馨可感。踵事先祖，盱衡他日族人之繁衍，绳绳相传，有赖脉索之联系者，谱牒仍不可少也。众人皆曰：应接踵续修家谱。

另一位族老在台病重，单为族谱撰成一篇《告别家族书》，除了"梦回萦系，泪满衣襟"的一番思乡情怀外，还

附"献词数则",作为全体族人行事为人的劝诫:

　　修身:勿杀害生命,勿侵占非分财物,勿忌妒他人成就,勿干扰别人生活,勿害自己身心。

　　处世:公平无私,互相尊重。分工合作,容纳异己。奉行法治,和平合群,勤俭持家。

　　养性:在忧伤时增加喜乐安慰,在失意时提高明日希望,在疑虑时培养信心力量,在仇恨时施于宽容谅解,在嗔恨时散布慈祥种子。

　　进修:多读书探求真理,多思虑开发观念,多实践积累经验。

　　这是历经沧桑的老人之言,读者自可体会到文中独有的不尽之意。如果再看该谱所载"家训精华",首推"把忠心献给国家,把孝心献给父母,把爱心献给家人和大众,把虚心和恒心用给学问和事业,把诚心和信心留给自己",则不由你不想到此话之所本,并和"传统美德"加以联系了。试想如果新谱都至少达到这种水准,作这样一种传播,是不是好事呢?人们自可掩卷而作长思。总之,两岸解禁已成大流,对立的政治力量都可以"相逢一笑泯恩仇",在台族人怎会不去寻找那同本同源的"根"?

（三）城里人有限参与

每个修谱的家族，或多或少都有在城市工作的族人。对他们的要求一般有两个：一是按规定数额交钱；二是尽可能提供资料和支持。凡是缴款回乡者，皆可视为一种"参与"。事实上，绝大多数城居者都作了这种"参与"，记名上谱。在农村，还时常听到乡民历数某村出去的老红军或在职的地专级干部也寄款修谱，且数额不小。这是一种传统血缘文化与地缘文化的综合作用：乡亲们把你当个人物炫耀，你怎可拂了他们的一片情意？！对城里人而言，交点钱不会介意，一生难遇一次，又不要自己动手，何不乐而为之？没有遭到来自城市的强烈反对，是这次修谱的特点之一。当然，以不上谱为代价的拒绝交钱者也有之，则难免乡人每每谈起，就不仅仅是个钱的问题了。一部新谱的后跋有这样的笔伐：

族中少数人观念淡薄，个别人调查上门，视家人如途人。旁观消极，冷嘲热讽，甚至婉言谢绝等现象，都带来（修谱）工作上的麻烦和困难。

在城里的人已经脱离了家乡的环境和文化氛围，但亲情、乡情别是一番情，大多数人不会做得那样"绝"，也免得在"族史"上留下骂名。

代表地方管理层的乡镇干部，基本上采取既不支持，也不制止，以不引发地方矛盾冲突为准则的态度。"两不"态度，是对修谱日渐普遍的一种认可，也是异地交流干部制度下的一种通融。到别处当乡镇长，自有"回避"之利，亦不致落入阻止家人修谱的尴尬境地。从实际情况看，绝大多数乡镇干部在本族修谱时，是如数交钱的，但不参与具体的事务——已有一批老人在行动，也不需要他们做。凡是没有离开本县范围的各级干部，与家乡保持了相对密切的关系，对修谱大都采取了这种态度。准确地说是：不支持别人修谱，也不制止自家修谱。

因而，从20世纪80年代中期开始，至今已非常普遍的修谱，基本上是一种民间自流的文化行为。这种自流，上承宋以后私家修谱官方不予过问的潮流，毫不足怪。换言之，官方即使想管，也会管不胜管。乾隆年间江西官府曾有过"毁祠追谱"之举，也不过一阵风，很快不了了之。因而现在有人设想像指导修方志那样，统一体例，质量把关等，都是想当然而已，缺乏可行性。再说也是"为时晚矣"，相当数量的族姓谱已经修完，事实既成，还去"指导"什么？

（四）修谱：生存与文化意义

因为这次修谱是在以老人为主体，但传统家族文化已出现明显断层的背景下进行的，所以总的说来水准是较低的。
这次修谱，可以和以往修谱一样，冠以新序、新例等，但精
髓仍以承旧为主。有相当一批新谱连旧的内容与形式也都复
制过来，如照载已无实际意义的历代诰封、《本宗五服制图》、
《出嫁女为本宗服图》等；不记女儿的仍不在少数，致使确
载家族人口繁衍实况的意义也失去；欲仿古而多用半文言，
但往往半通不通，反而影响准确表达内容，不利阅读，等等。
时代毕竟发展了，一部家族的"信史"，应以"存真"为要
义，这个"真"不应仅仅局限于登记"父之党"的男性子嗣
这一点。这次的"新谱"，主体是一种回忆，一种模仿，
已失去了活力和神韵，可谓当今农村基层社区的一项"夕
阳文化工程"。毋庸讳言，这是中西部农村文化仍然落后
的表现之一。

如果说，有的新谱会首称是想搞清楚"我是谁？""我
从哪里来？""我的根"，恐怕这只是真实意义的一小部分。
农民兴师动众，花费钱财，并不主要因为他们有此一种追溯
祖源的爱好——如今这么多有文化的城里人，有几个真正说
得清"我从哪里来"？他们怎么没有产生一种追寻"我的根"
的冲动？莫非"礼失于城市而求诸乡村"？！——实在的原
因还要到他们的生存环境中去找：他们基本还生活在低头不
见抬头见的亲属圈子里，无论他们在做什么，总要比城里人
多出一层家族关系（无论这种关系是真实的还是拟制的）。

眼下这次修谱的实质，是"文化大革命"以后农村人对自己尚存的家族关系所作的一次总的搜讨和检阅，是对客观存在的一种反映。至于强调的程度和是否因此而增强凝聚力，则因人因地而异。在一些族姓和村庄里，你确实会意识到某种程度的自治倾向——尤其当乡村基层干部挪用侵占严重，甚至被异姓或同姓的"恶势力"把持之后。在这个意义上说，修谱轰轰烈烈的地方反倒显出一种生气，人际关系相对和谐；修不成家谱的地方，则常常伴随着基层社区生活的无序乃至破败，管理层与农民之间关系紧张，对立明显，等等。多看一些实例，不由你不产生这种感觉。

评判现实，预测将来，都需要一个参照系。这是重要的，也是最难的。

在中国，那些离不开乡土的农民，是否就需要一种"家族文化"？现在农村青年的后代们，以后还会不会再修谱？

沿海经济发达地区的人们，是否修出了不同的"新谱"？有待知情者作答。

港台地区及海外华人的家谱与旧谱有什么区别？是不是日后内地（大陆）修谱的蓝本？人们也不妨一问，并作比较与思考。

（本文原刊于《东方杂志》，1995 年第 3 期）

◎ 江西谱牒与地方社会文化变迁 *

《江西公藏谱牒目录提要》自叙

　　提及历史上江西地区的谱牒，人们一般会谈到两个突出事例。一是北宋庐陵欧阳修，撰写了自家的谱系，而且在谱例中说明："谱图之法，断自可见之世，即为高祖下至五世玄孙。"五世为一图，图内"远者疏者略之，近者亲者详之"。然后下一个五世另为一图，再一个五世又为一图，一直记下去。这就是明清以后许多谱例中都会提到的欧谱之法，除了便于区分大宗、小宗等原因外，还因为欧阳修是名人显宦，仿他谱例的人也自觉提高了品位，所以都会特意说明。二是

---

*　本文原载迈入新世纪中国族谱国际学术研讨会论文集《中华谱牒研究》（王鹤鸣、马远良、王世伟主编，43～51页，上海，上海科学技术文献出版社，2000）。

清代乾隆二十九年以后风声日紧的谱禁，学者们都特别注意到江西巡抚辅德所起的作用。辅德向乾隆帝详细反映了江西修祠修谱中存在的问题，并建议采取毁祠查谱的措施。从我所见江西旧谱序例记载看，此举的确在一些地区产生了一定的震慑力，有些谱删去"违碍"内容，有的宗族更是急慌慌把老谱付之一炬，以免惹祸。而从更大的时代背景看，查禁谱牒内容又与当时的文字狱相联系，影响自然要超出一省一地的范围。对此，台湾学者陈捷先教授曾有《清代"谱禁"探微》一文，有很清晰的论述。

从现存资料看，江西地区人士撰修谱牒的历史至少还可上溯到六朝时期。《隋书·经籍志》"史部·谱系"类所收41部姓谱之书中，就有洪、江、吉、袁四州《诸姓谱》共36卷。虽然原书已佚，具体记有哪些内容，后人已不得而知，但无疑是六朝时期这四个州（郡）地方大姓的一种记录。到了两宋，江西地区进入经济文化大发展时期，读书人多，有作为的文化人多，整理和编写家族历史的人也多，所以留下来的谱序、谱跋自然也多。仅仅在《四库全书》已收文集中，除了欧阳修外，至少还可找到王安石、黄庭坚、吕南公、洪皓、刘辰翁、马廷鸾、孔武仲等人的此类文字。而四库未收的其他宋代江西人文集中还有不少，如文天祥就写过《庐陵蘅塘陈氏族谱序》《（庐陵）燕氏族谱序》《（泰和）瑞山康氏族谱序》以及《跋吴氏族谱》《跋李氏谱》等。到了元代，此风不衰，日本学者森田宪司和南开大学常建华教授通过详细统计和研究，都得出现存元人族谱序跋江西最多的结论。森田先生还指出：元代修谱以江西为第一，且在江南地区较盛的情形，与南宋时代谱序分布特点是一致的。到了明清两代，江西修谱数量逐渐落到江浙地区的后面，原因很多，但仍有其特色可言。尤其到明代中后期，江西文化人多以王学为宗，在基层化社会做了许多宣讲王朝政令法规、进行道德教化的工作，把原本只有文化人才懂的忠君主、敬祖宗、聚家族的政治主张和社会伦理，面对面地告诉乡民百姓。基层社会由是得到整合，家族组织建设有了明确的理论指导和可行措施，因而成效较为显著。在此同时，独立于寝居之外的祠堂越修越多，规制也不断加大。谱牒也从早期的以一些先祖宦历、迁徙由来为主，字数不多，变得有图有表，逐渐丰富。有对好事的记载，而如打官司时各级官府所作的判词等也悉数收入，作为家族档案留存。家族里的佼佼者必记，也给每一个子嗣至少一指之地，而无论他是否识文断字，有没有身份地位。这样，不仅谱牒的卷帙逐渐增多，越修越厚，更重要的是它把"小民"也囊括在内，使他们感觉到这部谱与他们的切身利益有了关系。从我读到的一些明代后期江西谱牒原件看，品位都不低，印制比较精致，也很有人情味。就这样，延续到有清一代。再往下修，即可仿照前谱样式，多数陈陈相因，少数因时因事而增添新的内容与格式。

清代康、乾以后，江西谱牒比较有生气的部分，似乎更集中在赣南与赣西南、赣西北、赣东北的移民区内。这里的民众很多是明中后期从粤东北、闽西一带迁来，初期必须胼手胝足地改善基本生存环境，甚至寄身于当地土著居民的户籍之下，以等待进一步的发展。经过几代人的艰辛奋斗和人口生育后，财富有了较多的积累，子孙人数也在增加，分迁于各地的宗支都逐渐有了联宗修谱修祠的要求。但这时的矛盾是：论生存生活需要，修谱势在必行；论本宗支内的文化积累，则文人有限，底气不足，在地方的名望和交往还少。所以，他们修出来的谱牒一是模仿，尽可能做得"像"文化根基很深的土著大族，文人味尽量浓一些；二是表现出与王朝异乎寻常的高度认同，突出的举措之一，就是在谱牒的最前面，全文录载康熙帝颁降的《圣谕十六条》，或是雍正帝进一步扩充的《圣谕广训》，后者洋洋万言，占去相当篇幅。而土著大族的谱牒中则几乎看不到这种做法，他们用历代官员的作序、拜寿、唱酬往来，以及本家族不断向国家输送人才等记载资料，已充分表现了对王朝"忠"的态度问题。新来的移民则缺乏这样一个过程，必须速成，所以干脆把"圣谕"全文放到谱首。然而尽管如此，甚至有不少的谱牒连目录都没有，这些移民谱牒还是记录了许多当时的生活场景，记录了与土著之间的争斗，记录了本族如何艰难地筹集"花红"资助子弟，逐个逐个地培养出生员、举人甚至进士来。

字里行间常常显得有些"土气"，文字不大雅驯，但的确透出一种进取向上的心劲，一种对原有地方政治势力格局的不满与抗争。于是乎，一部江西周边山地的经济开发、声教广被的历史跃然纸上。也正因此，到了清代中期以后，虽然江西全境一共修了多少谱将永远是个未知数，但以"汗牛充栋""无族不谱"来概括，当毫不过分。修谱已经成为各地乡民生活的一个组成部分，承平时期，一个人一辈子碰上一到两次，是很正常的事了。

近代以后，江西地区的修谱动因，比较多地与战乱联系起来：太平军战事，辛亥革命以后北洋军阀主政时期的乱局，20世纪20年代末开始的苏区斗争，继而是抗日战争，江西大半沦亡，再到解放战争时期，各地程度不同地经历战火震荡不说，仅那几年的经济转坏，民不聊生，就足以使有心修谱者望而却步了。所以常常是修了毁，毁了再修，近代以来许多谱序告诉我们的就是这样一个过程，并以此折射了整整一个世纪之久的社会动荡和激变。更有意思的是：近代以来谱还在修，但为什么要修，修哪些内容，则因为有了各种新的学说和思想，而时时引起讨论。特别明显的是在辛亥革命以后一段时间里，如强调了"民族"，家族还要不要？有了"国家"，家还存不存？五洲已经通商，中国面临瓜分豆剖之形势，家族应该有什么举措和作为等问题，很让主持修谱的文化人担心和思考了一阵子，并且作出各自的解释。最终，各地家族还是认定修谱有其作用，体现了这种文化行为的广阔社会基础和强大惯性。恐怕也正因此，虽然过去家谱曾被焚毁无数，但据我以统计为基础的保守估计，现在江西民间旧谱至少还保存了四万种以上——不是烧得不多，而是原有的数量太大，一时难以全数消灭。这样一个事实也同时可使人意识到：公藏谱牒的深厚基础在民间，人们在图书馆、档案馆里看到的，只是浮出海面的冰山一角而已。

近代以来，各种民间文献书籍逐渐汇聚于公共藏书机构，是中国传统社会向近代社会转型的伴生物之一。这样一个进程，在江西地区走得相对缓慢。我很钦佩的两位江西乡贤，在这一方面都有所贡献。一位是清末民初宜丰人士胡思敬，虽然对于时政的态度比较保守，但隐退后对家乡的文化教育事业、地方掌故的存留、一方图书资料的辑录和汇集，却是倾尽心力，以为寄情之处。位于南昌东湖边的"江西私立胡氏退庐图书馆"，在20世纪20年代即对公众开放，藏书达十余万卷之多。抗战时为避免书籍落入敌手，其家人又将藏书迁还宜丰，继续开放，费尽心思，善本得以大部保全。最终在50年代初期移来省城，成为江西省图书馆馆藏的一个组成部分。另一位是小胡思敬10岁的南丰人吴宗慈。他的政治态度与胡氏大相径庭，1940年冬以辛亥元老、民国报人、西南联大教授的多重身份，出任江西省通志馆馆长兼总纂。为避日军炮火，几度转移，艰难竭蹶，最终留下一部上百万字的通志稿，保存了近代以来江西许多史事的珍贵资料。兵荒马乱之际，吴氏还是在志稿中专修《氏族略》一部，将历代方志中的选举、人物等加以统计，分其姓氏为"著姓""次姓""稀姓"三类。虽然不是一部谱牒目录，但吴氏明确说明注重谱牒之学，其例释有言："其记载之法，略仿章（学诚）氏《和志州·氏族表》例，因其意而会通之。案《隋书·经籍志》有洪州、吉州、江州、袁州之诸姓谱各若干卷。是氏族谱牒之学，吾乡独盛。缵先贤之遗绪，不亦可乎？"此外显然又接受了新的时代思想："更验之今，则研究民族学者，尝于各民族间辨支派之源流，考族姓之移徙等等，斯重民族之所本也。"因而这部《氏族略》为后人了解各县家族势力的文化积累、升降变迁、影响大小等，提供了很好的一个入门指南。

近一个世纪来，江西各地公共图书馆中，收藏谱牒的县级图书馆非常有限，而只集中在一些文化渊源较深，属于政治经济中心的县和市中。江西省图书馆之所以收藏赣西一带与婺源族谱颇多，则得益于五六十年代奉新、婺源县图书馆送来的数万册古籍。各县市档案馆是江西收藏谱牒的另一大板块，大都经历了80年代中期接收专政机关移交来的原"敌伪档案"的过程。有些档案馆所藏谱牒上题写"变天账""阶级教育展览"字样的标签，依然完好。因而，我在查访之初，对各地公藏机构基本没有存谱目录，谱本保管状况也不甚理想的情形颇感失望。但见得多了，渐知其辗转变故之艰难，转而庆幸这些谱本只要能保存下来，就是功德无量，嘉惠后人了。如果还能听到一些地方文化人士设法保护这些当时被定性为"封建地主阶级"的东西的故事，你又怎么能不由衷地向他们表示钦佩和感激之情呢？

我之所以对江西谱牒加以留意和著录，原因很多。1982年我毕业后，即留校从事地方史的教学研究工作。当时正逢一个新修地方志与整理地方史志资料的高潮，我读了一大批历代方志，对传统社会中县城及乡村家族力量产生的各种作用和影响，留下了深刻印象。故而我在1985年发表的第一篇论文，就是《试论章学诚方志"特表氏族"及其影响》，并就此奠定了我以后长期致力的一个研究方向，这是其一。

其二则来自对当代江西乡村社会的观察和理解。1984年夏，作为蜜月旅行，我随妻子到了她已阔别多年的老家。那是赣中南地区一个比较落后的山间小盆地，当时还没有通电，家家晚上点着小煤油灯，然后早睡早起。借着走亲戚做客的机会，我在当地收集资料，询问掌故。一天，村干部领来一位乡民，手里捧着一个红绸包，打开一看，是一册民国二年修的《会安黄氏族谱》，系会昌、安远、于都、兴国、泰和五县黄氏同修，原谱20本，"文化大革命"中当众烧毁19本，只偷偷留下第一本"谱头"。那位乡民基本不识字，主要是要我释读谱序和迁徙经过。记得当时围观者七八人，那位乡民一边听，一边面露笑容和自豪之色。最有意思的是，看完后分手走出上百米，他又回来趴在我耳朵上叮嘱：千万不要把我黄姓的字派告诉别人！此事给我的印象甚为深刻，而感觉又是那样复杂：这样一片山村，这样一些乡民，这样看重一部残谱！既显出了与时代发展的一种距离，同时又体现了他们的一种精神追求和文化氛围。城里人可以批评他们，但也许他们会认为城里人已经数典忘祖。两者之间，需要一种沟通。于是1985年我在开设的"地方历史文献学"课程中，专设"谱牒"一章，从谱史一直讲到80年代的新谱编修。后来的事实证明我做对了：我面对的每一届本科学生，一般有70%以上来自农村，我讲的事实他们有感性认识，我还要求他们能够更为细心地去观察，设身处地地理解再也离不开乡土的父老兄弟。我与学生之间有了很好的对话题目，而学生也给我以热情的回报：有的复印来家藏旧谱的序例目录，有的告知新修谱牒要交的红丁钱数和规则，有的转而用家谱做毕业论文，更有的还在毕业后再次回校，要我担任他家乡修谱的"顾问"。以上种种，都又融入我的教案中，回到课堂上，也使我可以讲授得更为丰富生动，更少偏失。

其三，我很看重1990年在厦门大学中国经济史博士点做访问学者时得到的熏陶和训练。在一年时间里，我一面听业师郑学檬教授及韩国磐先生讲课，做论文，一面与郑振满博士等明清史段的学者有了密切接触，人类学专业的研究生答辩也去旁听。多学科的交融开阔了我的视野，历史学研究的目的、对象以及以往地方史研究的缺陷等，更是常与郑博士彻夜长谈的话题。越是到后来，我越是意识到那一年的学习经历，对我从传统的地方史研究转向区域社会经济史的研究具有多么重要的意义。这以后，我又得以与广东及境外的一批学者相识，逐渐介入华南社会研究的一个更大学术群体中，多次参加闽粤沿海地区的田野考察，看神庙，进宗祠，读家谱，自己又在江西的村落与商镇做个案研究，然后展开深入而坦诚的讨论。此外，闽粤学者们对谱牒资料的重视、收集以及解释的新角度，也更启发我对江西地区的谱牒作尽可能详细的著录与把握。90年代前半期，我撰写的《江西现存谱牒简介》《江西旧谱的留存》《近观江西民间修谱》《谁在修谱》等文章，就是在这样一种学术背景下出现的，既是对资料的梳理，也反映了我的观察视角和情感态度的一种变化。

其四，也是使各种计划可以付诸实施、多年积累得以汇总的重要一点，是1995年秋全国高校古籍整理委员会批准了我的族谱目录项目，资助的经费支持我先后去了江西80多个县市，前后四年，最后汇成一个这样的目录。回首以上往事，犹如昨日所为，历历在目。不敢言"十年磨一剑"，但自觉所下功夫倾注于光阴荏苒之中，力争少出错勿误人，不做假不欺心，能为江西的学术文化建设添一块基石，于我就算得到最好的回报。更何况这么些年来的乡村考察与访谱经历，正是读书、走路两得，增长的社会阅历，获取的生活体验，积累的各种资料，定将令我受益终身。

最后，还有一个很强的感受想表达出来：汇集江西各级公藏系统的谱牒，总数也未能逾千。而据我所知，在江西相邻的一些省份中，仅其一个省图书馆藏谱就有一两千种，这是内外比较的差异。另外，江西民间藏谱的能量却是如此之大，毁而不尽，公藏系统的存藏显然已经与之脱节，不能作为公众了解地方人群与文化的一个窗口来利用，此可谓上下层面的背离。也许，可以用江西老百姓存谱不愿示人来作一种习俗上的解释，但只怕不尽然。我记得，1996 年 6 月我去赣东金溪县访谱，专门去了清代十分著名的刻书名镇浒湾。一个老文化干部告知，土改前后，江浙一批做图书工作的人到浒湾镇收集古籍，一船一船地运走，最后，连躲过日军炮火的一批刻版，也尽购而去。而当时正是这个老文化干部带路，去敲开镇上藏书最多的人家的房门！或可言，除了近代战乱外，近几十年来江西已有限的文化资源还在流失，连自己人也视若敝屣。1998 年底，我去上海图书馆参加全国谱牒开发与利用学术研讨会。上海图书馆公布其存谱牒原件11700 多部，90000 余册，令人惊叹，堪称世界之最。据介绍，这 90000 余册谱本中，真正是老馆存留和历年民间捐赠的只有 17000 余册，其余两个来源是：20 世纪 50 年代，从没收并送往造纸厂准备化为纸浆的旧谱中抢救了 47000 多册，此功特赖于德高望重的顾廷龙馆长；20 世纪 60 年代初又从旧书店、地摊、废品站收购了 20000 多册。闻此，又不禁令人扼腕感叹：为什么人家都不要的时候，上海图书馆会去抢救收购呢？或可一言以蔽之：正唯此，文化中心才得以成为文化中心！一方文化，要想能光大，有发展，原因必将很多：要有地方的文化人群，要有有文化、喜欢文化的地方干部，要有容得下文化发展的社会氛围和人文环境，要有维持和推动文化所必需的资金和物质条件，还要有一批有文化使命感、敬业、恋战而又有战斗力的文化工作者，等等。总之，只有多建设，多积累，少破坏，才有可能耸立起"文化"的山峰来。在这个意义上说，谱牒乃是映照近代以来各地社会文化变迁的一滴水珠、一个指标。一族一姓之谱如此，集一县一省之谱而观之，更是如此。因而，近年来我对许多县市图书馆、档案馆的工作者呼吁，抓紧收集近二十年来当地新修的谱牒，以留下这些年来乡村社会又一次剧烈变化的资料记录，并将其作为地方文化建设的一个组成部分看待。果能如此的话，谁又能说不会在十年二十年之后，又有人比现在要便捷且费时更少地写出一部《江西公藏系统新谱经眼录》来呢？

◎ 慎读：传统家族规约中的套话 与新鲜话 *

近年来讲家风家训成了潮流，应该说是件好事，因为我们很长时间不仅没有了家风家训，还给传统家风家训泼了很多脏水，需要拨乱反正。我在 20 世纪 90 年代就对一些地方干部说过：订族规的基本目的，就是叫人做好人不要做坏蛋，叫人做良民不要做盗贼。如果我们的百姓都按族规来做人了，哪里还有"刁民"？族规是叫人做好事向善的，是在"教化"，有什么不好呢？！

眼下有不少介绍历史文化名村和传统村落的文章或纪录片，在说明村风、民风如何好如何淳朴时，就讲家族规约的

---

* 本文为 2016 年 12 月 27 日参加南昌市政府家规家风建设座谈会发言稿。

作用，很多取自当地民众的谱牒，或是通过口述把这些规约"说"出来，也是有依据的，值得肯定。但是随着这些宣传甚至导游为主的事例不断增加，有些话越说越"灵"，越说越"空"了。因此我们对这些规约也要有所分析，知道哪些是套话，哪些是真正在当地民众中"管用"的部分，真正影响和形成了当地人的家训和家风，这就是我说的"慎读"。

江西是一个民间修谱和藏谱的大省，很多村庄收藏了1949年以前修的"老谱"（有"宗谱""族谱""家谱""总谱""房谱""支谱"等多种名目）。这些谱牒的第一本（俗称"谱头"）中，几乎都有家族的规约，这些规约有"祠规""家范""家规""家训""族训""宗规""祭规""格言""律例歌"等名称，还有一大批山区民众干脆全文照录清代康、雍朝逐步形成的《圣谕广训》等，不一而足。细读这些规约的条款，可以看出基本的内容大同小异，先以明代正德四年（1509）编修的泰和县《萧氏族谱·族规》为例：

一、严八诲；二、重礼教；三、崇敬爱；四、守俭约；五、劝生业；六、肃闺门；七、恤孤寡；八、厚姻戚；九、睦乡党；十、御婢仆；十一、规戒。

又如宜丰县潭山陈氏族谱的《陈氏家约》一共六条，写成于同治八年（1869）：

一、厚人伦；二、输国课；三、禁争讼；四、戒赌博；五、蓄峦林；六、修坟墓。

其中第二条"输国课"说明："居下奉上，分之所宜。以民抗官，罪有难追。既已食毛践土，敢不急公？岂容久累迟延，自甘投网？各宜早纳，共作良民。"就是要求按时交纳官府的田赋，也就是乡下人常说的"皇粮"。所以很多家谱把这一条放在首位，就是告诫族人一定要首先处理好自己和官府（王朝）的关系。

又如康熙五十三年（1714）编修的崇仁《梧樟村陈氏六修族谱》，其中所收陈氏家训一共十五条，即："家长""教子""夫妇""兄弟""婚姻""务农""睦邻""敦本""安分""守己""知足""言动""推仁""俭约""保终"。前面还有序言说明这些家训的由来和目的：

谱之家规，所以示现在识将来也。明祖有六条之谕，我朝又益之以十修身正家之道，可谓周悉详尽矣。然理以推而愈出，言之详则愈明。谨述古训，以赠后来。

这些规约的早期蓝本，多数来源于两宋时期一些名人显宦的文字。由于宋代以后科举制度的发展，中国进入了全新的庶民社会，乡民地位比以前提高了，读书人也远比以前多了，百姓慢慢地可以修家谱了。现在从实物看，宋代江西的谱牒一本也没有了，但是宋代的一些文集中保留了不少谱序，比较集中的可以在《四库全书》中找到，其中收录了宋代江西人的文集几十种，有不少谱序涉及很具体的地方，写谱序的可能就是两宋时期比较有名望有地位的人。另外在宋代和明代，都有一批名人写了自家的规条家训等，譬如流传很广的北宋司马光的《司马温公家训》，南宋朱熹的《朱文公家训》，以及县令袁采为当地百姓整理的《世范》（又称《袁氏世范》）等。后来这些文字内容就被修谱的文化人学了去，放进了自己的家谱中。

客观地说，当年司马光、朱熹、袁采写的这些文字，的确是他们认为族人和后代要遵照要注意的事情，有时代意义，也很有文化底蕴，本身就是一种思想文化建设和规范建立，真的是大实话而不是空话和套话。但后来传抄的人往往觉得是名人写的，讲的都是传统伦理的基本内容，通过修谱可以让很多认字不多甚至是文盲的族人知道，所以就传抄了。还有很多的家族到明末甚至清代才第一次修谱，就从别人的家谱中直接把一些规约抄过来。此举本来也无可指责，后修谱的人参照别人的谱，本身就是一个学习过程，也是传统的精英文化在民间传播的可行途径和常见手法。但是抄来抄去，结果各家的规约大都差不多，看起来面面俱到，覆盖了家族中不同性别、年龄段、知识结构的人群，但缺少对于具体个人的针对性，缺少与时俱进的新鲜内容，因而只具有一般伦理教化的意义，而且特别对有文化的族人有更大的意义，所以就显得空，就像"套话"了。以后每次修谱，这些规约一一照抄，了无生趣，慢慢就变成陈年套话。一直到20世纪90年代的一些新修谱牒，还是从传统家谱中把这些抄下来，因为没有自己树立的新规约，所以只有陈陈相因。

所以，我们更要注意挖掘不同家族谱牒及祠堂碑刻中那些因时、因事而制定的规约，特别是那些针对家族中某些事某些人而立的"禁条""禁碑"，有特殊的价值。一事一议，遇事立个规矩，有强制性也有时代感。因为针对性强，能够起到实效，所以我称之为"新鲜话"，并将它们归为"劝诫类"规约。譬如，清光绪五年（1879）编修的《万邑（载）钟祠牌谱》，就有"祭祀预戒过目"一款，全文称：

> 行礼不恭，衣冠不整，礼生行礼不合节，离位自便，在班指人过，习仪不到，正祭失期，办祭不丰洁，以上各罚十拜。体疲而伸，偏任一足于地，斜身依物，食饱作声，呕吐唾涕，以上各罚四拜。

又如嘉庆十年（1805）德兴县海口村董氏家族立的"庇木养生碑"：

……我族上市向遗深潭二潴，在彼东南，非一世矣。池曰"养生"，义可思也。至若植木障水，具有成规。奈年深月久，日渐湮芜。迄于今在罶兴嗟，阴浓无望；有心之士，过而悲伤。虽曰俗尚多偷，亦系科条失严耳。今不忍前人善迹久而尽湮也，又不忍化育流行气机遏塞也。爰询佥议，咸思捐赀立会，永严加禁，闻者嘉之。故未尝家喻户晓，竟靡不踊跃乐勤，此足见好生之德具于人心矣。会名既齐，轮班生殖，自可建田勒石，永垂不朽……严禁条规述后：

一禁日新坊背后、寺背、舒家塝、杨林、治公林、桥头店、胡家塘等处植木地方，毋许拨草扫叶。

一禁寺背等地土毋许掘取私用。

一禁老嫩枯荣杂木毋许扳枝摘叶。

已上犯者，罚戏一台加禁。

一禁公私庇木不得戕砍。犯者罚戏三台，外照会名每俵肉一斤，其树仍归众公用。

一禁池鱼禁内毋许用药戕毒。犯者罚银五十两建醮安神，每会名俵肉一斤。

一禁池垸界外毋许设帘拦阻。

一禁池鱼毋许插竿饵钓。

一禁深湖池、胡家塘、石榜窟及上至张公垸、下至东门石桥，毋许内外人等窃取鱼虾。

已上犯者，罚戏三台加禁。

一凡花果树木听从自便，不在禁内。

一眼见魆毒有实据报众者，赏银一两，仍系犯者出。

再如婺源县清华镇洪村道光四年（1824）立的"公议茶规碑"，就嵌在宗祠的外墙上，高 1.3 米，规定村里的茶农怎样与外来的客商打交道，怎样公品公卖：

阖村公议，演戏勒石，钉公秤两把，硬钉贰拾两，凡买松萝茶客入村，任客投主入祠校秤，一字平秤，货价高低公品公卖，务要前后如一。凡主家买卖，客毋得私情背卖。如有背卖，查出罚通宵戏一台、银伍两入祠，决不徇情轻贷。倘有强横不遵者，仍要倍罚无异……

我们会发现过去很多乡村对族人违规之事的惩罚，竟然是"罚戏"一台。那个时代乡村的娱乐形式很有限，一年也看不了几场戏，就是有戏看，也往往要走十里八里路。结果本村演场戏大家高高兴兴，而且人人心里都知道是什么人做错了什么事被罚了，在申明"禁止"的另一面，同时就在树"规矩"，娱乐和惩罚十分和谐地结合在一起，真是充满了乡民的智慧！

如果我们多读一些这类规约，就会看出在传统的乡村社会里，除了"道德教化"、鼓励之类的规约之外，可能实际上起着重大作用的，是这些一事一议的，明确"不许做"什么事情的规矩。所以我称之为"新鲜话"，并认为更应该用心去阅读和挖掘。现在这些规约所说的内容可能已经过时，没有现实意义了，但是这种针对性地制定规约的做法，应该提倡和仿效。尤其在眼下国民道德水准整体下滑，泛泛的"提倡"（鼓励、倡导、正能量云云）往往效果不佳，"法制"（立法）又往往过于刚性，容易导致对立情绪加重的现实情况下，也许多树立一些"劝诫类"规约，可以获得更为直接、目前最为急需的效果——因为我们还有一个更大的社会实况，要作为思考和处理当代中国许多问题的前提和基础，那就是庞大的人口和日渐紧缺甚至部分枯竭的资源之间日益突出的矛盾。所以"劝诫类"规约可以在处理这个矛盾时更加具有方向感和可操作性，希望有更多的社会游戏规则通过"劝诫"来初步建立并逐渐得到大家的认可和共同遵守，尤其有助于体现"（社会）公平"这一基本原则。如果有必要，"劝诫"可以进一步变成"禁碑"，而尽量避免上来就是"禁碑"（立法），结果行不通而失效，又再退回为"劝诫"甚至"提倡"，就走反了方向。

最后，谈点个人体会最深的梁家家规，就两点。一是从小不许挑菜吃。这包含两层意思：首先不许说什么菜好吃，什么菜不好吃。父母做了什么菜，就吃什么菜。如果说什么不好吃，奶奶就会说一句"没有饿着你"。其次在吃饭时决不许用筷子在菜盘里翻动挑菜吃，筷子插下去夹起来就走，既干净，也是懂规矩。二是家中的任何用具从哪里拿来的，用完一定放回原处。家里其他人再要用时，可以很快很方便地找到。大家都这样做了，自己也方便，别人也方便，人人都知道可以在什么地方找到它。时至今日，几十年过去了，我还是这样做，受益半生。

温
故
知
新

◎ 追求历史学与其他社会科学的结合 *

区域社会史研究学者四人谈

（一）继承前辈学者的传统，转向社会史研究

史克祖：自 20 世纪 80 年代中期以来，社会史研究，尤其是区域社会史的研究吸引了众多学者，可以说逐步形成一股潮流。在座诸位都是近年来在这方面的研究中非常活跃而且成果卓著的学者。首先请你们谈一谈，你们是如何从传统的史学研究领域转到这个方面来的？

郑振满：严格地说，现在我们的华南研究不能说是完全

---

*　本文原刊于《首都师范大学学报（社会科学版）》，1999 年第 6 期，作者史克祖。访谈一方系首都师范大学历史系《当代中国史学思潮研究》课题组成员邹兆辰、邓京力等，化名"史克祖"。

新的研究，我们都是在继续我们的老师的工作。像中山大学的梁方仲先生、汤明檖先生，厦门大学的傅衣凌先生、杨国桢先生，他们的研究传统就是社会经济史方向。他们的特点是比较具有社会科学的信念，本身的学术背景中又包含经济学、社会学的内容。我们这些学生都是跟着他们学、跟着他们做的。我们比较有意识地去追求的就是历史学与其他社会科学的结合，研究的对象主要是普通大众的历史与生活。因此，我们首先还是希望较好地继承我们老师那一辈的传统，能做到这一点就已经不错了。

在这种师承的基础上，80年代以后，我们就开始转入社会史的研究领域。改革开放以后，我们在学术上加强了与海外学者的交流。80年代初，我国社会史学者开会的时候，还有一种机缘，就是与海外学者的合作研究。80年代以来，有不少海外学者到闽粤研究区域社会史，当然这与我们的开放政策密不可分，这样我们就有了与他们合作的机会。刘志伟在80年代初就与海外学者合作，至今已近20年了。几乎与此同时，1983年到1984年间，我们也就开始做田野调查了。

梁洪生：我是由于很偶然的机遇，1990年到厦门大学中国经济史博士点做了一年的国内访问学者。那一年我最大的收获是在思想和方法论上发生了革命性的转变，觉得获得了很多新鲜的东西。但这只是开始认同社会史的理论方法，真正走入社会史的研究，从不自觉到自觉，还有一个自己参与的过程，需要实际去做具体的研究，在操作的过程中才能体会到为什么会提出这些问题，这些为什么会成为问题。1992年11月，我第一次开始参加莆田地区的田野调查。每年，闽粤这边的老师都提供2～3次的田野工作的机会。每一次，在调查的过程中，白天都有研究当地的学者先介绍背景，晚上调查结束之后我们还要讨论。这种讨论一般有主持人，大家分别发表自己的见解，很正规。可见，我们的田野工作都是有明确目的与计划的，而且效率也很高，每一次都有很大的收获。这样一种工作方法使我们能够逐步参与社会史的具体研究，在参与的过程中在思想上逐步地认同。

邵鸿：我是研究先秦两汉经济史的，通过一个很偶然的机会从上古文本的历史走进了乡村的社会史研究，这个过程是从江西的流坑开始的。但我一直都在努力通过社会史的取向改变我原来的先秦两汉经济史的研究，这部分历史由于文献资料的匮乏，研究者经常是不作区域分析，而只是通过个别的地方上的材料得出一个针对全国的整体的结论。当时，历史研究的主体主要是上层人物的活动；再加上传统的学术分工，搞经济史的不问文化史，搞政治史的不问经济史。而当我逐步参与了几个点上的区域社会史研究后，我觉得对我改变上述的做法有很大帮助，开始看到一个多层次的、比较完整的历史。流坑的研究，是个很小的地方研究，但实际上不是把我的专业变小了，反而是变得更宽广了，似乎什么东西都可以进入我的历史研究中，文化的、宗教的、经济的、政治的、建筑的，等等。现在当我再去搞原来的课题时，发现原来的做法只是历史中的一个浅层。在这样的实践过程中，我感觉辩证法中整体的观点、普遍联系的观点都得到切实的理解与应用。

（二）把文献研究和田野调查结合起来

史克祖：你们在历史研究中运用了人类学的研究方法，其中田野调查就是一种很重要的方法，你们觉得田野调查在自己的社会史研究中占有什么样的地位？对你们认识历史起了什么作用？

郑振满：我们的田野调查原来有两个目的，其一是把我们平时的学术思考带到田野中去，通过实际的田野工作使大家能够把各自的想法都拿出来，进行对话，以便形成更多的共识；其二是训练学生，让他们都参与进来，使他们在田野调查中实际地看到我们的研究对象是什么，我们关注的问题是什么，我们用什么样的方法来思考这些问题。因此，有时候一个调查点我们要去很多次，这就使我们和学生都能更深入地、反复地去思考和参与研究的课题。在这个过程中，不仅促进了我们自己的研究工作，而且也培养了学生的研究能力，希望再带起一批人。

　　刘志伟：有的人以为我们只靠田野调查的材料来研究，以为我们不读文献，其实这是一个误解。从我们的师承关系来看，我们所受的训练主要是在文献的解读方面，我们所做的也是在文献上下的功夫多，而且离开文献根本就无法研究历史。但是，我们始终有一个信念——如果不了解那个地方就无法真正读懂文献，也就是说，我们做田野是为了能更好地读懂文献。比如，让我读徽州的文献，我想我只是能从字面上看懂它，却不能从中看到一个真正的徽州，除非我亲自到那里去做了长期的田野工作。这是因为，对我们来说，历史既是一个时间的过程，又是在特定的空间展开的，这二者之间存在着很复杂而又辩证的关系。对于历史时间的了解，我们不能直接感受到，只能是间接地从文献中认识，但对于了解历史的空间，我们有可能直接去认识，那就只有让我们自己身处在那个空间中才能做到，尽管我们依旧会受到很多局限，大多数地方现在早已不是历史上的样子，已经面目全非了，但我们仍然可以通过置身于特定的"场景"之中，细致地、反复地琢磨与体验，在某种程度上获得对历史的感悟。人类是在一定的空间中创造历史的，如果没有对于空间历史的认识，我们解读的历史就只能是一条单纯的时间线索，而且即使是这条单线我们也把握不好。

郑振满：为了直接体验空间的历史，我们就亲自到文献中所记载的那些地方去做田野调查。那些文献上死的历史在田野中就变得活生生的，而且在田野中还会发现文献上没有记载的内容，并且看到它们原本就不是孤立存在的，而是与其周围的事物联系在一起，历史就变成立体的。然后，我们反过来再到文献中去寻找在田野中所发现的一切。

刘志伟：回过头再看文献的时候，我们发现原来没有意义的内容，在田野经验的积累中都变得有意义了。也正是由于这种共同的田野工作的经验和体会，我们这群人很容易沟通，也很容易认同，虽然我们可能在各自所研究的问题上有不同的观点、方法和风格。

梁洪生：有的人把田野调查看成是很技术性的工作，或者认为是单纯下去搞材料。其实，我们是想把自己放到历史上的那个空间中去体验历史，而不是像城里人看乡下人那样对历史作出价值评判。我们试图去探寻的是，那些乡下人为什么这样生活，也许并不急于对这样一种下层的生活方式进行评判。要回答这样的问题，田野工作就成为我们必需的方式。另外还有一个原因，在中国传统社会中，文人与士大夫的文字记载里很多都不包括老百姓的历史，而当我们走入乡村社会时，就找到了大量的这方面的遗存、遗迹。通过这些发现，我们能看到一个从上层到下层的多层次、立体的历史。我感觉田野的工作，使我切实地在实践着唯物主义的原理，从真正的社会存在出发去认识历史。

刘志伟：做田野调查的目的，不仅仅在于研究某一特定问题本身，我们还试图通过这样的研究过程来探讨一些理论问题。在具体问题的背后，我们要思考的是一些大的理论问题，而这些问题却是真正困扰我们的。也许可以作这样一个比喻，我们的宏图大志是想写一本理论书或者写一本中国通史，但也许我们每个人都只是在这样的书中写上一个注脚。当这些注脚写出来时，这本书才能写成。在我们看来，历史学最好的著作不是像汤因比《历史研究》式的著作，而是具体的实实在在的研究。

史克祖：以上大家谈到的是在你们的历史研究中运用田野调查方法的价值与意义，那么你们在借鉴其他社会科学方法的时候，是如何处理历史学与它们的关系的呢？例如，与人类学的关系。

刘志伟：有的人说我们是把人类学的一套搬到历史学来，是人类学的附庸，这种看法我们不能苟同。我们和近十几年来一起合作的人类学同行们都有一种很深的体会：历史学从人类学那里获得了许多有用的东西，但同时历史学也改变了人类学。因此，历史学与其他学科之间是一种互动的关系，它不应该也不会成为其他任何学科的附庸。我和陈春声一起在 1997 年的《中国历史学年鉴》上发表的《历史学本位的传统中国乡村社会研究》就指出，我们始终坚持以历史学为本位的社会史研究。

梁洪生：现在历史学的研究，还吸收了解释学的很多思想和方法，这在某种程度上使历史学超越了 20 世纪上半叶客观主义史学的倾向。对历史学来说，史料不等于历史本身，原本的历史真实可能我们认识不到，但这并不等于我们没有解释历史的能力或是没有客观的历史存在，更何况这种解释日渐要求是多元的，而不是传统的一元的解释。

（三）研究区域史是为了更好地了解中国和人类的历史

史克祖：在这次"19 世纪的岭南"学术讨论会上，最后一个话题是"超越华南研究"。对此，与会者提出了不同的理解和看法。不知你们对这个问题是怎样看的？对于这个问题所涉及的地方史、区域社会史与通史研究的关系，你们有什么看法？

郑振满：我们提出这个问题的动机，就像会议上牛津大学的科大卫先生讲的那样：我们不能为了研究华南而研究华南，我们研究华南的目的是更好地了解中国的历史和人类的历史，这才是我们应该下功夫的地方。到下个世纪，也许我们会写出一部能真正了解中国的中国历史书。这也就是说，我们要立足于华南研究，超越华南研究，将华南这一区域史的研究和全国性的研究结合起来。

刘志伟：我们从一开始就与单纯的地方史研究不同，这主要是由于我们所关注的问题与地方史不同。地方史一般关注的是地方特色、地方的特殊性，而我们所关注的问题不是地方，是带有普遍性的东西。对我们来说，研究对象究竟是珠江三角洲、闽南、江西，还是山西、内蒙古，都是一样的。现在我们之所以在研究华南的某个地方，是由于在材料上比较方便，在语言上能够与当地人沟通。也许明年，我就去四川、湖南，这都没有关系。因为，实际上我们就像自然科学那样，只是寻找一个实验室，再去研究那些有规律性的问题。

梁洪生：我感觉，回顾我自己的华南研究的过程，有一个明显的趋势——从地方史到区域社会经济史。可以说，我是从地方史走入社会史研究的。在20世纪80年代初，我到厦门大学以前，我的研究思路是在一个地方史的框架里。当时做地方史研究的学者一般存在两个基本特征：首先是从区域上先划出一个地方来，确定为自己的研究对象，那么除此以外的其他地方就可以放在视野之外，即所谓"画地为牢"；其次是按照中国通史的传统模式，再搞出一个省际范围的东西，这就是地方史。现在看来，这种地方史最大的缺陷在于，它把地方与国家脱离开来，就地方来谈地方。而且，认为地方史的功绩就在于研究地方特点、地方典型，研究那些地方独有而"别无分号"的特色。实际上，这是一个很大的误区。

郑振满：我们搞的区域社会史最为关注的恰恰不是这种地方特点，而是在中国历史上乃至人类历史上带有普遍性的、规律性的问题。对于地方特点的问题，我们所要考虑的是在大的普遍性中为什么会有这样的变异。我们正在搞一个系列研究，准备每个研究点写一本书，然后再拿来比较。

梁洪生：有的学者经常会问：你们为什么要去研究一个庙宇、一个祠堂、一个村庄或一条街呢？其实，像这样的东西中国到处都有，我们要做的是在这些最普遍的事物中找到共同的历史内容，同时也要回答为什么共同性的东西会在广东、福建、江西等不同地方表现出不同的历史形态及历史进程。我们是要用不同地方的材料，来回答中国历史上一个很大的问题——国家与地方之间的互动过程。这样可能是在有意识地超越地方史研究的局限，这也是我搞区域史研究的最大收获。

邵鸿：我感觉，从一定的角度看，区域社会史研究的形成不是偶然的，它是随着社会的变化和史学本身学术发展的要求而必然出现的一种结果。

刘志伟：区域社会史研究的难点之一就在于，要从一个个小村子、一个个具体的地方中讲出一些带有普遍性的东西，这样才能够对话，才能够对别人的研究有所启发；另外一个难点则是，一个小的个案里面往往会牵扯到很大、很深远的历史背景，不仅有我们熟悉的明清史，还有我们以往没有读过的、没有研究过的宋史、元史。在不断深入的过程中，像这样总体性的、相互联系的众多内容也不断地呈现在我们面前，因此我们有的时候觉得总是没有搞清楚，甚至还要从零开始再研究。

郑振满：关于我们为什么要做区域社会史研究，这里面有一个比较大的史学观念的问题。从 20 世纪三四十年代以来，通过一些有影响的著作形成了一个中国通史的体系，后来就很难突破这个体系。这并不是说这个体系不好，而是说由于各种原因这个体系被教条化了，很难发展。这个通史体系的特点是过于强调政治性和意识形态的内容，根据这个体系编写的各级各类历史教材，使历史学的从业者很难改变这种根深蒂固的思维定式。这种模式在全国都是统一的，其实我们都明白它不能很好地解释中国历史，各个地方都有它自己发展的可能性与活力。所以，就需要先把这个通史体系放在一边，到地方上实事求是地去研究其内在的逻辑。这是我们走到民间去，不在通史里面打转转的一个根本原因。其实，比较而言，按照传统的通史模式来做研究比我们现在下来搞调查、做区域社会史研究要省事。我们现在做一个地区、一个社区的研究要 8～10 年，要花的功夫更大。比如，1995年我在《史林》发表的一篇文章《神庙祭典与社区发展模式——莆田江口平原的例证》，就是花了 10 年的功夫，而且还是与国外的朋友合作的。像刘志伟，他有好几个点都是花了 10 年以上的功夫，但到现在还没有完整的成果拿出来。所以，做区域社会史的研究很不容易，要真正理解和找到共同的东西很难，当然要是做出来也是一个很大的突破。在这种艰苦的探索中，我们越来越不满足于那种传统的解释中国历史的模式，有的时候我们觉得似乎已经触摸到了一种新的对中国历史的解释，而且也认识到实际上有多种解释历史的可能性存在。

　　史克祖：今天各位不顾一天田野考察的辛苦，花很多时间和我们谈了有关区域社会史研究的诸多问题，使我们感受到一种新的、充满活力的史学研究趋势正在兴起，也看到了多学科学者合作的前景。祝愿你们的研究在不远的将来取得更大成果。谢谢各位！

◎ 将更开阔的视野投向章贡大地

赣南的地方历史研究及其面临的挑战

引 言

赣南的同人多次向我提及，在前几年"地区"这一级行政建制还完整存在时，"赣州地区"是中国大陆辖县最多的地区，共有 19 个市县（包括当时还没有划归抚州地区的广昌县）。查阅有关资料，进而确知赣州地区面积为 39379.64 平方公里，占江西省面积的 23.6%，真可谓是一块广袤的土地。而它从清代的二府（赣州、南安）一直隶州（宁都），到民国初年统合为"赣南道"，又从民国中期分为两到三个"行政区"，再合为近几十年来的一个政区整体（包括 1954 年以后较长时间内独称"赣南行政区"，而不同于江西其他"专区"）。这种分分合合的原因和运作机制，本身已构成很有魅力的课题之一。另外，因为民国以来把江西省简称为"赣"，所以人们现在都习惯将赣州地区称为"赣南"，殊不知自古以来史籍所载本来意义的"赣"，就只是指称现在的"赣南"，而不是说江西全省。或可设想：也许有一天人们会把近年来讨论颇为热烈的"赣文化"尺寸缩小，而锁定在赣南地区。我到过赣南的每一个县市，即使是借助现代的交通工具来行走，人们仍可为这片土地的多山而惊叹，而却步（尤其在县际公路和京九铁路通车以前），并由此遥想当年活跃在这一大片山区中的"赣巨人"、乡民百姓和形形色色的豪杰先烈们，面临的是怎样一幅场景！从这个意义上说，赣南从古到今的历史故事，无不与"山"相联，"山"与山里的"人"构成赣南最为重要的自然景观和社会特征；而历代王朝正统观念中对"山民"的界定和认识，又构成这些历史故事的重要组成部分，并使其内涵超越赣南一隅，而具有映照中国传统社会历史和文化发展轨迹的普遍意义。因而，当近年来江西以外地区的一批学者已对赣南地方历史的演进提出了长时段的解释时，我们不能不对此有所了解，不能不对赣南的地方历史研究队伍及其成果作一检索，借以明了他们具有何种对话的能力，又面临怎样的挑战。

（一）赣南地方历史研究队伍的学术成就和工作意义

就我尚不完整的资料收集而言，迄今为止，在本省范围内，从事赣南地方历史研究的力量主要集中在当地，此外的少量文章，也许作者在省城或其他地方，充其量可称为"友情演出"，客串而已。赣南地方历史的研究者主要有两支队伍，其中一支集中在赣南师范学院（2016 年更名为赣南师范大学），应当提到的学者有罗勇、谢一彪、林晓平等人。该校建立的客家研究所、蒋经国研究所等机构，已可大致说明其关注的重点所在，而谢一彪的长期研究则放在赣南闽西中央苏区史方面。由于对他们的研究成果尚缺乏系统的梳理，本文只能点到为止，而着重回顾另一支队伍——赣南文博系统的学者——的研究重点与成果。

赣南文博系统的这支队伍，已经有了两代人的积累，而且在 2000 年时，因为原赣州地区和赣州市两馆的合并而得到良性整合。地下考古、文物收集与保管等，是这支队伍的日常性工作，在此不展开评述。我更看重并想强调的是他们在日常工作基础之上的更高层次的研究。查阅《江西历史文物》可知，1984 年第 2 期是赣南专辑，该辑"主要介绍赣州地区文物普查工作中发现的部分历史文物，同时，还简要介绍新中国成立以来在赣南发现的主要历史文物"。所以该辑第一篇总论性的文章是《赣南文物考古工作概述》，由童有庆、黄承焜、薛翘三人合撰。综观记载江西文物考古工作发展轨迹的刊物《江西历史文物》，以及后来进一步改版发展的《江西文物》和《南方文物》，除了青铜器、瓷器、古建筑、城市考古等专题有专辑外，以本省一个地区的文物考古工作为专辑的，至今唯见赣南一例。对此，我们不能不说赣南地区的一批文物工作者在 17 年以前，已经具有了检阅全地区范围内的古文化遗迹、古城址、墓葬、瓷窑和古塔的意识和热情，以及为此而需要的组织能力和资源保证。两年以后，当《江西历史文物》推出"江西考古学会成立大会暨学术讨论会论文集"专辑①时，我们读到薛翘、刘劲峰合撰的《考古发现与赣南古代史》一文，已经可以明显看到他们用地下实物解释地方历史进程的尝试，其中如对秦汉到三国时期赣南政区设置都带有明显的军事性质（有的县城当时就是军事据点）的论断，是非常有启发性的。如果要确定一个赣南文博队伍研究地方历史的起点，也许应以该文为代表之作。到 1993 年至 1994 年，为了配合"国家历史文化名城""宋城"的申报与宣传工作，在《南方文物》和有关的资料中，人们还可以看到对赣州市的地理环境和历史沿革、民间生活的概述，则可以理解为原赣州市博物馆的老一辈学

---

① 该专辑由江西省考古学会编，1986 年 8 月印行。

人在这一方面的继续努力。①

中青年学者的崭露头角，大致始于20世纪90年代前期，比较有代表性的有两位。一位是韩振飞，他在《江西文物》1989年第1期发表的《赣南先秦的丹霞地貌遗址》一文，以及刊于《南方文物》1997年第2期的《三百山山名考》，表现出他比较独特的地理地貌学知识兴趣，以及以此解释地方史的努力。尤其是后一文，虽然不长，但通过检核"三百山"名称的变化过程，认为其本名应是"三伯山"，其得名源于客家地区常见的"伯公"崇拜。"伯公"类似于土地神，被认为能保境安民，禳灾降福。这样，地名学的问题具有了解释地方民间信仰的意义。这种解释虽然不是作者首创，但在江西文博队伍中，运用这种解释方法的至今仍属罕见。另一位是万幼楠，他第一部长篇著述是《中国古代建筑基础知识》，以《江西文物》1989年第4期专辑的形式刊行。这是他花费数年时间收集资料、勘察测绘的结晶，也由此表现出一种特殊的专业爱好和学识基础，而后一点使他在近年对赣南客家围屋的研究中十分突出建筑形式及工艺技术层面的探讨。有意思的是，在赣南客家围屋的研究中，韩、万二人也前后

---

① 参见李海根：《赣州的历史与文化》，载《南方文物》，1993（1）。作者还撰有长文《赣州古城》，收录于1994年1月赣州市政协文史资料委员会汇编的《国家历史文化名城赣州》一书中。1994年12月中国赣州宋城文化节组委会主编的《江南宋城赣州》一书，第一部分为"史地概说"。

呼应，各呈特色。刊载于《南方文物》1993 年第 2 期的《赣南客家围屋源流考——兼谈闽西土楼和粤东围龙屋》一文，是韩振飞的代表作，也是赣南本地学者系统论述被人们称为"客家地区"的围屋（以及土楼和围龙屋）演变过程的开山之作。该文不仅坚持在 90 年代初已提出的围屋系东汉"坞堡"演变而来的观点并作出系统阐述，而且还第一次给出了赣南现存围屋有 600 座以上这样一个估计数字。这以后，万幼楠的《赣南客家民居试析——兼谈赣闽粤边客家民居的关系》《围屋民居与围屋历史》《盘石围调查——兼谈赣南其它圆弧民居》等文相继发表①，形成了他另一种逐渐完善的解释观点，即一开始判定是明清时期闽、粤"客家"回迁入赣而带来闽西土楼、粤东围龙屋的建筑影响所致，进而认为是受赣南官府巡检司的城堡，赣南原有的山寨、村围以及闽粤围楼等建筑的综合影响所致。并强调：考察赣南围屋的来源，"只能就近就地，往上和往周围寻找，而无需跨越数千里、上千年的大时空去舍近求远"②。实际上，这是对韩文的观点提出挑战，对推动赣南围屋的研究无疑具有十分积极的意义，学术态度也是负责的。

　　1995 年以后，我们还看到这支队伍的另外一种研究走

---

① 分别载《南方文物》1995 年第 1 期、1998 年第 2 期、1999 年第 3 期。
② 万幼楠：《围屋民居与围屋历史》，载《南方文物》，1998（2）。

向，即开始有人关注赣南地方社会的道教文化、庙会、宗族等问题，直接参与其中的有刘劲峰和张嗣介，以及前文提及的赣南师范学院罗勇、林晓平等人。这种研究走向的出现，直接得益于 1995 年以后从闽西进入赣南的法国远东学院（EFEO）劳格文（John Lagerwey）教授的推动，当时他正在香港中文大学中国文化研究所担任访问学者，并主持名为"中国农业社会的结构与原动力"的研究课题，他也来赣南寻找合作研究的伙伴。这项研究的成果以"客家传统社会丛书"的形式问世，至今已经出版了 10 册，涉及福建、江西、广东三省客家地区。① 其中关于赣南地区的有 3 本，即《赣南地区的庙会与宗族》（罗勇、劳格文主编，1997 年 3 月出版）、《赣南庙会与民俗》（罗勇、林晓平主编，1998 年 12 月出版）、《赣南宗族社会与道教文化研究》（刘劲峰著，2000 年 1 月出版）。其中最为劳格文称道的，是上述刘劲峰所著论文的合集："本书最值得注意的是刘劲峰所收集到的资料数量大，内容非常丰富，他所做的宗族和人口表，不但表明他做了大量的调查工作，还给我们提供了一个可靠的信息，让我们知道我们以前所做的这方面的工作，确实有不少（只）

① 劳格文教授 1946 年出生于美国密歇根州，1975 年获哈佛大学中国文学博士学位，此后在法国巴黎高等研究实践学院（EPHE）做博士后，开始从事中国道教研究。有关这套丛书中闽西部分的评述，可参见董晓萍：《中国民间资源观的二重性——评三种新出的中国民族志丛书》，载《中央民族大学学报（哲学社会科学版）》，2000（1）。

是猜想的。""他也证明华南社会在还没有大规模的家族社会之前，还有一个社会模式，即巫教与神明轮流。这个可以说是比较平等、比较契约化的社会，有好几个姓建设一个具有股份制形式的公庙，然后用拈阄或在神明保护区域内每年轮流游行的办法来分享平等的与神明沟通的机会。组织这些庙会，也是用轮流系统来平分责任。这个系统以后在宗族社会也会出现，即用来让各个房族轮流管理公产田。刘劲峰的文章也证明，在还没有发展到宗族或大宗族之前，最有代表性的庙是水口庙（或坛），最有代表性的神明，是供奉在那里的福主。这个福主完全是个地方神——一个保护一方土地的神明。他不是地域神，也不是国家的神。不奇怪的是，他常常是些奉道的巫师。"如果说这是劳格文的解读，那么刘劲峰本人对这项合作研究的意义阐述，则表现出新的意境和旨趣：

　　劳格文先生长期从事中国文化的研究，具有丰富的人类学田野工作经验。而我长期从事考古工作，对田野也有很浓厚的感情。近年来，不同学科的合作与科技整合越来越受到学术界的重视，所以我很希望能通过这次合作的机会，向劳格文博士学习，以采借人类学等一些相关学科的研究方法，来丰富自己的研究手段，拓宽学术视野和研究领域……我之所以这样选点，目的是想通过对这些不同类型乡村田野调查比较全面、客观地反映赣南客家的面貌，弄清赣南客家传统社会和传统文化到底有哪些基本特征，它与闽、粤客家地区相比较，有哪些相同点与不同点。基于这点，我在调查中十分注意广泛采访当地知情人，留意搜集当地现存的各种谱牒、碑刻资料，以尽可能多地了解到社会各方面的信息，如自然环境、物产资源、经济生活、民情风俗、社会关系等等。同时还特别注重对宗族及神明信仰加以考察，以探明传统社会的多种结构模式及其各自的运作方法。[①]

如果我们再读到刘劲峰新近撰写的长文《略论客家民系的形成过程》，得知他认为以往的"客家民系"论述"都忽略了客家群体有一个由社会群体向人类学文化群体，客家文化有一个由区域文化向民系文化过渡的过程"，并具体认定（或同意）直到清代中晚期才是客家民系的形成阶段，"由这批移民所代表的赣、闽、粤区域性文化逐渐被人们认识，并被冠之以'客家'之头衔。从此，'客家'亦由过去对那些附籍移民的专称变为对具有共同语言、风俗文化的赣、闽、粤边区域人群的泛称。以文化相互认同为基础的现代意义的

---

① 上述引文分别见《赣南宗族社会与道教文化研究》一书劳格文所撰"序论"和刘劲峰所撰"后记"。

客家民系由此诞生"①，那么我们可以看出刘劲峰所论述的
"民系"已经与以往一些论者照搬斯大林对"民族"的定义
有了本质区别，并有理由相信他近年来与劳格文的合作研
究，对于形成上述对赣南社会及人群的基本认识，具有不容
忽视的影响。张嗣介也经历了同样的历程，因而我们可以看
到 1997 年以后他发表的研究报告分别是（赣县）《沙河口
渔户萧氏宗祠崇鹤堂祭祖习俗》、《赣县白鹭村聚落调查》、
《赣州康王崇拜》、《赣州仙娘古庙与太太生日》、《客家
"上座俗"》等。② 如果人们还无法全部读到这些文章，那么
仅就文章的题目即可提出一个问题：在江西各地的文博工作者
中，关注到上述事物、现象并进行研究的，是很普遍呢，还是
十分罕见呢? 这种"选题"差异的背后，说明了什么问题呢?

至此，人们也许会猛然意识到：我们看到的这支队伍，
是目前江西地县文博工作者综合研究能力最强的一支。他们
的知识面比较丰富，近年来又抓住了与境外学者合作的机遇，
进一步打开了眼界。再加上共有的年富力强和分外敬业，他
们当然会有建树和骄人的成果。从学术研究的价值层面评判，
我们可以看到这支队伍的基本走向是：逐渐从一般的只关注

---

① 见赣南客家联谊会、赣南日报社编：《客家与赣南——研究论文选辑》，
内部印行，2000 年 9 月。亦见刘劲峰：《积累与嬗变——略论客家民系
的形成过程》，载《客家研究辑刊》，2001（1）。
② 分别见《赣南地区的庙会与宗族》、《南方文物》1998 年第 1 期、《赣
南庙会与民俗》、《客家与赣南——研究论文选辑》。

"物"（出土文物、藏品和展品等），到对这些"物"进行研究分析，继而到更为广泛的现实空间去追寻那些仍有的"物"（从地理大空间到城市、集镇、农村聚落，以及数量仍然可观的散存历史文物和文献等），进而从整体上思考和解释地方历史文化的演进过程。这样，"文物"上升到了"历史"的层面，一个地方社会空间中存在的各种"物"，与历史研究最本质的关注对象——人——联系了起来。反过来说，也只有当对地方历史发展的全貌具有了本土的、合理的解释之后，对"文物"的理解和解释才有深度，才会活起来。也许我们从对赣南实例的评价中，可以找到和确立这样一种当今衡量地县文博队伍能力高下的标准。特别是当我们在不少地方看到一批很诚恳的同人表现出的思维窘迫，看到在各种客观存在的压力、困难之外，还有不能不承认的缺乏眼力和见地，而令人发出"守着金饭碗讨饭"的感叹时，就越发感到眼下确立这样一种标准是怎样的必须和迫切！客观地说，不同地县文博队伍的素质和可供开掘、利用的各种资源确实存在区别，研究的能力、解释的力度和可供施展的空间自然会有高下，对此不能视而不见。但客观条件的差别不能成为无所作为的全部理由，更何况尺有所短、寸有所长，每个地方都会有可以利用的资源。最要紧的，是至少先要有这种意识和冲动，然后为之努力，从无为到有为，各地就一定会想出自己的招，走出自己的路来。

（二）省外学者对赣南地方历史的研究及其形成的挑战

赣南文博系统的研究队伍初步具有解释地方历史的能力之后，其实也是走上一条更加艰难的道路，更需要跳出地方一隅，获得更多的信息，跟踪学术前沿动态，保持学术发展所需要的敏感、激情和韧性，以利于在更大的空间就共同关心的问题进行对话甚至论战。在这个意义上说，所有来自外部世界对赣南的研究成果，都形成一种挑战，并要求得到回应。这些外部的研究越是深刻，越是具有整体解释力甚至颠覆一些基本陈说的性质，其挑战就越有分量，越发不容回避。我们只以一个大陆学人通常可以接触到的研究信息为依据，可以看到近50年来对赣南地方社会整体性质的研究大致经历了如下一个演变过程：20世纪六七十年代，关注一个以中央苏区为中心的社会及其革命史；80年代中期到90年代，"客家"这一概念不仅被文化人所引进，而且往往被视为赣南地方社会的基本色彩和最重要的人群特征。到世纪之交的近两年间，从地方社会的长时段历史演进考察赣南的地方动乱、族群关系、与国家之间的关系等问题，又逐渐成为新的强音。

以下我们择要地回放各个阶段代表性的著述和基本观点。

20世纪六七十年代以中央苏区革命史为中心的赣南研

究，本身即带有那个时代的明显烙印，对此毋庸赘言，而且也没必要再一一列举各类著述的名目。然而，这种研究内在的合理性，就在于这段史实的客观存在。以赣南、闽西为依托的中央苏区就是充满魅力和谜团的大课题，而且随着如陈诚"石叟文库"等一批档案材料在境外的传播，赣南更能引起这一时期境外研究者的关注。如1980年美国学者黄宗智就向中国读者介绍说，他和两名研究生合写了一本专著，书名为《中国共产党和农村社会：中央苏区时期》，于1978年出版。[①]1983年，美国芝加哥大学历史系的艾恺（Guy S. Alitto）又撰文介绍"当前西方史学界研究中国地方史的趋势"，提及"七十年代后期，研究地方史的潮流又派生出一种特殊的研究：中国共产党根据地的研究。目前，此类研究成为地方史研究中一个很大的分支"。在该文后部所附的书目中，我们至少可以查找到4部与江西地区相关的著述，即席尔（Kamal Sheel）《一九二五年江西三县的反抗运动》、列福士（Edward W. Caves）《赣南的地方经济史》、芬却（John H. Fincher）《广东诏安县及福建、江西和广东邻近地区》、

---

① 详见《三十年来美国研究中国近现代史（兼及明清史）的概况》，载《中国史研究动态》，1980（9）。黄宗智当时已在美国加州大学洛杉矶分校历史系任教，并任《近现代中国》（Modern China）季刊总编，此文是他于该年春在北京、上海等地大学所作学术报告的综合。他在文中提及主要是利用缩微成21个胶卷的陈诚档案，再结合毛泽东的《兴国调查》，考察土地革命时期兴国县共产党和区、乡、村三级基层社会之间的相互作用。

林振华（William Wei）《中国的反革命：江西苏维埃时期的国民党》。[①] 遗憾的是，迄今为止我们仍未能见到这些著述中的大多数（无论是原著还是中译本）。但有一点可以肯定，即这些著述一定与国内同一时期的中央苏区研究有很大的不同，如果日后有可能加以翻译介绍，应当还会有不可低估的参考价值。

赣南地区的"客家"热，比粤东（以梅州地区为代表）、闽西（以龙岩地区为中心）要来得晚。开始兴起的标志，也许应该认定为1992年1月在赣州市召开的"赣南中华客家研究会成立暨首次学术研讨会"。因为除了会议本身收到一批研究赣南的文章外，当时赣州地区、赣州市的党政官员操持了此事，并在会上成立了几乎囊括赣州地、市、县宣传、文化主管部门的"赣南中华客家研究会"，清楚地展现了一个自上而下的推动力量，以及一个外来的文化概念被引进并通过各种媒体逐渐传导给基本民众的进程。由此可以说，赣南的人们是先听到"客家"一词，于是建立了一个"研究会"，

---

① 详见艾恺：《当前西方史学界研究中国地方史的趋势》，载《历史研究》，1983（4）。其中林振华著作当时被译作《国民党在江西的活动》，不确。近年我收到英文原著后，请江西师范大学外国语学院的刘莉莉老师译出（当时她正在历史系读研究生），今用译本全名。该书第一章即"江西的共产党根据地"，第六章为"第五次围剿与中央苏区的陷落"。艾恺文章中涉及的另一有关江西的著述《一九二五年江西三县的反抗运动》，究竟是哪三县不知其详，存此待考。

然后才知道罗香林和他的书,以及他对赣南作的"纯客住县"与"非纯客住县"划分。而在此之前,对其他一些研究赣南人群并已提到"客家"一词的学术研究,则基本无所知晓。

对此,我觉得值得回顾复旦大学历史地理研究所教授曹树基博士的研究。1984年他以江西明清时期的"流民"与经济开发为硕士论文选题,为此他到了赣南16个县作实地调查,并大量利用当时各地正在编写的《地名志》资料。次年他发表了《明清时期的流民和赣南山区的开发》一文,该文提供了一批流民的来源及建村时间、人口密度的统计数据,分量颇重,多为后人所引用。[1]文中没有对"流民"一词的直接解释,但综观全文,应指从宋到清朝因各种原因迁入赣南的人口。曹树基的研究认为:明中期以后迁入赣南的人口除闽粤二省外,还有相当一批来自与赣南毗邻的赣中平原区;而入清以后,闽粤移民则占了绝对多数,故称其"大规模迁入"。值得注意的是,曹树基在该文中凡提及"客家"或"客家人"二词时,一律打上了引号。这也许说明作者当时认为他是在借用当代人所知晓的一个名词,来指称那样一批人口。此后,作者不仅在他的巨著《中国移民史》(明卷,清、民国卷)和《中国人口史》(明卷、清卷)中都论及赣南及其

---

① 曹树基:《明清时期的流民和赣南山区的开发》,载《中国农史》,1985(4)。

移民与人口变化 ①，而且把"客家"一词上的引号全部取消，使人感到在史料与研究者之间（也即这个人群本身的史载和研究者如何"解释"这个人群的历史之间）已找不到区别。也许这是作者的一个新思考，我们应注意到这种变化，或可暂持保留态度。而作者另一文章《赣、闽、粤三省毗邻地区的社会变动和客家形成》②，集中反映了他对"客家人"形成历史的解释。他提出的问题是："20世纪30年代，罗香林先生在《客家研究导论》一书中，第一次从人口迁移的角度，揭示了客家人的形成过程。这一成果构成了以后客家学研究的基础。然而，这一研究存在一个最大的缺陷，是他没有清楚地对'客家人'进行界定。……近年来的一些研究，将明清以前的赣南居民，称为'老客'，而将明清时代从闽粤迁入的客家，称为'新客'。对客家人的识别标准已经简化为客家方言了。有关'老客'和'新客'的观点，实际上是在罗香林先生认识基础上的退步。"

他在"结束语"中阐明了研究的结论："赣、闽、粤三省毗邻地区汉族人口的迁入可谓源远流长，然而大量和最集中的人口迁入当属南宋初年南下的移民。移民的一部分直接

① 曹树基：《中国移民史》第5卷、第6卷，福州，福建人民出版社，1997。曹树基：《中国人口史》第4卷，上海，复旦大学出版社，2000。曹树基：《中国人口史》第5卷，上海，复旦大学出版社，2001。这两套著作的主编皆为葛剑雄。
② 见《历史地理》第十四辑，上海，上海人民出版社，1998。

来自北方，一部分可能来自赣中或其他地区。他们的数量大约与原居的汉族人口相等或略多，由此而形成南宋时代这一区域密集的人口分布。宋末元初，本区大约有80%的汉人死于战争和瘟疫，畲人的比例相应增加。在元代特定的社会条件下，闽西、粤东的汉人与畲族开始了广泛的接触与融合，并由此而形成汉民族中一个独特的民系——客家人。……以前有关客家人由北方移民构成的观点并不正确，它既忽视了历代移民土著化过程——移民定居后的人口增殖与新移民所导致的人口增加之间的数量关系，也忽视了客家形成过程中非汉民族——畲族的作用。罗香林先生在区别赣南'非纯客住县'中表现出来的迷惑，就是因此而产生的。"

也许，我们这样评述该文的价值比较公允：注意到"客家人"的非汉族（如畲族）来源不是作者的创见，但将这个来源落实到历史人口统计学的基础上则是他的贡献，值得重视。

近两年来，三位研究生的学位论文以排炮之势，将赣南地方历史的研究引入一个新阶段，其选题已经说明了他们研究的视角和关注的重点所在：厦门大学历史系硕士饶伟新《明代赣南族群关系与社会秩序的演变——以移民和流寇为中心》（1999 年 8 月）；中山大学历史系博士黄志繁《12—18 世纪赣南的地方动乱与社会变迁》（2001 年 5 月）；台湾大学历史系研究所硕士唐立宗《在"盗区"与"政区"

之间——明代闽粤赣湘交界的秩序变动与地方行政演化》（2001年6月）。饶、黄二位都是从赣南走出去的学子，论文的选题无疑带有桑梓之情，但更大的影响，应当来自其导师郑振满、陈春声、刘志伟等教授多年来对宋代以后南方中国历史演变的关注。赣南是介于岭南与"中原"之间的重要地区，留有许多充满魅力的课题。限于篇幅，我们不可能详述三文的论点和建树，而只能介绍其章节大目，以说明他们究竟在关注赣南的什么问题，然后摘录某些观点，供大家了解。

饶伟新叙述了四个方面的问题：明初赣南的社会生态环境；移民与流寇的演变过程；族群矛盾与社会冲突；官方的对策与社会秩序重建。对于什么是"社会生态环境"，饶文没有说明，只在提要中有如下表述："考察明初赣南的自然地理环境、社会文化概况及周边地区的社会环境，指出明初赣南实为地僻人稀的边陲社会。"在第二部分中，作者制作了一份长达6页的"明代赣南地区流民、流寇年表"，将洪武到天启朝250余年间发生在赣南的动乱一一列出，颇有参考价值。至于明政府如何在赣南重建秩序，饶文主要以王阳明为例，评价较高："王阳明在任期间（正德十三年至十五年），面对'盗贼'的蜂起和社会失控，采取了军事征剿、招抚安插、添建县治、推行十家牌法和南赣乡约等一整套重建地方社会秩序的统治策略，使赣南寇乱得以控制。其中，赣南西部地区族群关系的调整和地方社会秩序的重建最为成功，此后，该地区一直保持相对稳定。这就表明，具有'蛮夷'族群背景的'峒贼'已逐渐融入当地社会，他们与土著之间的矛盾逐渐得到调适，地方秩序也因此而建立起来。""此后，王阳明的后继者们借鉴他的统治模式，先后抚定南部和东南部的'寇乱'，成功地完成了整个赣南地方社会秩序的重建。与此同时，闽粤流民、流寇也藉着官方的招抚安插、编户入籍、设治教化等途径而逐步定居，成为当地合法的社会成员。万历至天启年间，赣南地区的社会动乱逐渐平息，开始进入一个相对稳定的时期。"

　　将同样关注明代赣南的唐立宗论文与饶文比较，更利于说明其视角的改变和评价的不同。[①] 唐文以358页厚重篇幅讨论的"南赣巡抚"，无疑是人们比较陌生的课题，它的来历是："为了解决各省交界'三不管'形成的'盗区'问题，明代采取督抚制度以统辖各级'政区'。……在弘治八年（1495），为弭平南赣盗，则在江西南安、赣州二府地区设置南赣巡抚，目的在统辖闽粤赣湘四省交界各府州县，而四省三司皆须听其节制，但惟以军事为主，不预民事。……不过，南赣巡抚也因为定位不明的缘故，康熙元年（1662）三月被停止兼理军务之权，随即在康熙四年五月遭到裁撤。"

---

① 承蒙台湾"中研院"历史研究所于志嘉教授将唐先生论文寄来，谨致谢意。

唐文提出的问题是："有必要以南赣巡抚为中心，进一步观察在政治力的介入下，当地的'三不管'社会问题能否得到改善，抑或是变本加厉的更加恶化？南赣巡抚是否发挥应有的功能性？清初废置的真正原因为何？'盗区'与'政区'有多大的互动关联性？透过这样的讨论，我们探求当地的社会政治的特殊性，另一方面，也能够知鉴地检视出处理'三不管'问题的困难性。"唐文构建的六章分别是：明代闽粤赣湘四省边界特质与时人印象；明代南赣毗邻地区的"盗贼倡乱"；"南赣盗"地域与家族性的支配；从"盗区"到"政区"；巡抚军门与地方平乱；虔抚"政区"面临的行政阻碍。另外，有两个附录："《虔台志》编年纪事表""明代虔抚辖区各府州县历年筑城纪录"。还附了27幅图，26个表。从供给读者查考各类原始文献、了解研究动态的角度看，如"明代闽粤赣等地督抚著作一览表（1450—1665）"和长达20页的"征引文献书目"（英文与日文的相关著作与论文收录较为全面）等，都体现了作者的负责态度和学术功力，且不能不让大陆学者感叹因为种种原因而在这一方面难免的缺憾。

很值得注意的是，唐文对王阳明治赣的实效评价不高，仅从第六章第三节的标目即可见一斑："言必称阳明的保甲乡约神话（阳明神话的产生；编甲防御的真相；地方乡治的变质；乡约教化的倾颓）。"该章的"小结"中又有如下见解："其实，闽粤赣湘之交'政局'的整合与破局，都系于地方秩序能否转危为安。受巡抚王守仁事功的影响，过去世人都以为南赣巡抚成功解决四省交界的社会问题，其立堡设县、行南赣乡约、推行十家牌法等举措，咸认为是南赣毗邻地区获得秩序稳定的重要原因。但是我们可以发现，实际上巡抚的政绩是随时间的发展而越有限，历任巡抚在军事剿抚上皆为军饷不继所困，其辖下的军兵官吏依旧难堪大任，这些军兵反而还有可能造成地方危害。又如辖区内的筑城设县建设，其工程弊端丛生，舆论评价不一；而乡约保甲的教化施行，在乡族力量强大的山海之区更难推动，往往还因此成为祸乱根源。"在全文的"结论"中，作者还说明："为了能在鞭长莫及之处平盗，明代的南赣巡抚开始积极寻求地方势力的协助，而'以盗治盗'正是历任督抚平乱所奉行的至高原则。"相信上述这些基本史实的陈述和评价，对于赣南地方历史的研究者仍是富有新意和开启作用的。

黄志繁的论文因为上溯至两宋，这一时段的论述正好是饶、唐二文所无，因而第二章"官府与土豪"的价值就凸显出来。这一章的四节论述分别是："从盐寇到虔寇"；"土豪、隅官与保伍法"；"峒寇与盐子"；"文天祥抗元与畲贼"。其中特别注意到盐与宋代赣南民众的关系，并对宋元时期赣南的地方动乱起因与官府的对策作如下梳理："北宋赣南人成群结队地往广东贩私盐，本是其日常生活的一部分，但官方的盐法改革使他们与王朝体制的矛盾关系变得明显起来；
'虔寇'的发生则与宋室南迁有关，许多官员把'虔寇纷纷'
的起点归结于隆祐太后在赣州蒙难的事件，认为其起因在于
地方官吏对'南人'征税太重以及'虔人'好斗的本性，反
映的似乎是统治重心南移后，统治方式改变和地方社会自身
发展所产生的矛盾。南宋还有所谓'峒寇'之乱，官府虽都
对'虔寇'和'峒寇'进行军事镇压，但采取的是不同的策
略：对'虔寇'是尽量让他们安于生理，宽限赋税，而对'峒
寇'则是尽量隔绝其与周边之民的交往。虽然两者间其实很
难有明确的界限，但统治者们仍很担心两者互相影响，波及
整个社会。元代赣南地方官要对付的也是两类动乱：一是官
府'经理田粮'引起的编户起义；一是山区的'畲贼'引发
的事件。或许正是由于闽、粤、赣边界的'畲贼'，赣州才
一度成为江西行省的中心，设枢密院。"

黄文的视角，是"以'王朝制度'与'地方社会'的互
动关系为中心，描述12—18世纪的赣南社会变迁"。其"结语"
中最后一节"（国家）观念与地方文化"最能体现这一解释
角度，兹引述于下，也可见在众人反复描述的"盗""贼""寇
乱"不已的社会场景之外，"文化""教化"怎样体现，怎
样改造这方土地：

北宋时的赣南，是个为盗之风盛行的地方。但是，经过

士大夫的"创造"，赣南又成了"先贤过化之地""周程道学之渊源"，而且这种地方官和士大夫"创造"出来的赣南文化，后已成为赣南自身的地方文化。明代王阳明在赣州讲学授徒这一事实，亦被后来的地方志修撰者加以弘扬，赣南遂又成为"文成公息马论道之地"。……很明显，这些所谓赣南的"地方文化"背后蕴涵的意义，并非赣南有与其他地域不同的地方文化，而是赣南和那些"文明之邦"一样，接受了"国家"正统思想的熏陶。事实上，从南宋到清初，赣南的地方动乱与社会变迁的历史，也是地方社会不断接受"国家"正统文化观念的历史。不过，地方官和士大夫在实行其教化措施的同时，也会根据赣南社会自身的历史，创造出符合"国家"正统观念的地方文化传统……

一般意义上说，赣南是个"客家"文化区。但是，所谓"客"与"土"不过是流民与土著自身认同的结果，并不存在独特的"客家文化"和"土著文化"。恰恰相反，清初流民与土著在赣南的斗争，其产生的前提是流民亦被官府接纳成"国家"的编户齐民。因此，在流民和土著都认同"国家"的同时，本来就因互相斗争形成的两大集团就会为了获得土地和科举等资源进行斗争。在这个意义上，流民与土著形成的"客家"文化乃是认同"国家"的结果。……实际上，自宋以来赣南所谓"地方文化"的形成就是一个士大夫接受"国家"正统文化，并不断对其"建构"的结果，从"二程过化之地"到"江右王门心学"在地方社会的影响都是如此。在这个意义上，"中国"乃是一种"观念"的产物，而"地域"则是认同"中国"的结果。

可以肯定的是，研究生专心攻读的文献资料一定要比在职的文博工作者读到的多得多；而且如果人们不甚了解整个学术界关注的重点及理论探讨，要理解"国家是一种文化创造""中国是一种观念的产物"这样的解释，绝非易事。这需要一个过程，而最重要的，是先要"知情"，要知道在自己之外还有哪些研究者和"说法"，切忌只"自言自语"。也许，上述这些研究成果最具启迪和挑战之处，并不在于它们的具体结论，而是让人意识到对赣南不能只有一种"客家地区""客家文化"的思路。如果借用一个计算机软件术语，就是赣南的地方社会和历史是一个"Windows"，是一个工作平台，"客家"应当放在这个平台上来加以分析和理解。而不应该是相反：把"客家"当作解读从古至今赣南历史发展的基点和主线，这样就本末倒置了。应该说，这样一种认识的确立，目前对于赣南地方历史的研究是重要的，也是急需的。

（三）结语

赣南文博系统的研究队伍经过近 20 年的打造，已初具解释地方历史的能力，并且因其敬业和有战斗力，而在江西地县文博队伍中明显地凸显出来，难能可贵。应当指出的是：当他们的关注已经远远超出馆藏之"物"时，就已奠定了应对境内外学者的研究成果和挑战的基础。观念的变化是如此的重要，使他们不仅责任感得到提升，而且有了更新的问题意识。因而，他们对外部的挑战不会在情感上格格不入，更不会因为漠不关心而无言以对。现在，随着交通工具的便利和电脑、网络通信工具的普及，境内外学者研究赣南的信息已经加速向他们涌来。客观地说，如果人们了解他们日常工作的纷繁以及资源、资料从整体上说还是处于匮乏状态，那么将这些挑战和压力放到他们的肩上，未免有些苛刻和过分。然而，如果他们不敢说"我应是这块土地上最懂地方历史的人"，如果他们不珍视自己拥有赣南的文物和文献资源，可以抵近观察和体验的天然优势，那么，"舍我其谁"？！他们深知这一点并一如既往地前进，最近成立的"赣南地方历史文化研究室"就是一个证明。相关专题的确定和深入是顺势之事，赣南地方历史的研究和对话必将在一个更高的层次上展开，我坚信这一点。

（本文原刊于《南方文物》，2001 年第 4 期）

◎ "华南研究"的参与和体会 *

    如果学界同人对以中山大学、厦门大学为中心的一些中青年史学工作者的研究工作、活动形式及学术追求有所了解的话，那么也就应该知道，本来这样一个问题的介绍我没有资格来讲，而是应该由陈春声教授、刘志伟教授、郑振满教授等人来谈才最为合适和准确。我作为来自江西这样一个非学术中心地区的史学工作者，由于某些机缘，逐渐地被这些学者的学术追求所吸引，并为他们的人格魅力所折服，所以在 20 世纪 90 年代初期开始参与现在被称为"华南研究"的活动，前后也已 10 年。陈、刘、郑等教授这次因故而未能

---

* 本文为 2002 年 8 月 18 日在上海师范大学举行的"中国社会史第九届年会暨国家、地方、民众的互动与社会变迁国际学术研讨"上的发言。

赴会，大会又给了我这样一个机会，我只略谈参与的过程和获得的某些体会，仅此而已。

对这一研究活动的定名，至今并不一致。感谢这次大会专门发给各位代表《中国社会史研究》第 5 期，上面登有常建华教授有关历史人类学在中国的实践一文，就专有一节谈"华南地域社会史研究"。另外，该文中还介绍了陈春声等人的一批理论文章。但在我的记忆中，还有一篇更早的文章必须提到，就是发表于《中国史研究动态》1990 年第 10 期，由陈春声撰写的《珠江三角洲社会经济史研究中的国际合作》一文。在我收集的资料中，这也许是最早一篇向国内学术界介绍他们的研究活动的文章。该文提到 1986 年就开始和美国学者共同调查，人们会注意到文中自称为"广州地区的社会经济史研究者们"。我觉得，如果引用《光明日报》2000 年 12 月 22 日"海外汉学研究"栏目所发表的，由这个群体的核心学者蔡志祥、程美宝合撰的《海外学者的"华南研究"》一文的叙述和解释，比较准确和简明。文中首先说明：

五六十年代，有很多海外中国研究的学者以香港新界、台湾地区以及海外华人（主要是来自福建和广东）社区这个"外围"的华南地区为立足点从事历史学和人类学研究，所以，他们的工作又被称为"华南研究"。八十年代以后，中国内地的社会与学术环境发生了重大的变化，海外历史学和人类学研究者有更多的机会与内地学者交流合作，他们的研究范围也就很自然地从香港、台湾地区伸展到广东、福建以至更内陆的省份。

该文还说明：

（科大卫和萧凤霞指出）"华南"不是固定的区域，而是历史建构过程，是以区域研究取向来理解中国历史的试验场。

所谓"区域"，不过是从研究主题引申出来的由研究对象自我认同界定出来的空间罢了。

因而，近年来还有一批来自国内各大学和研究机构的学者也介入了这个研究的活动。按时间先后为计，有钱杭、常建华、赵世瑜、许檀、王振忠、曹树基、范金民等教授。另外，日本的滨下武志教授已经是多年来这一研究的必到者和中心人物，在座的中山大学历史系的邱捷教授、香港中文大学的叶汉明教授等，也都参加过这一研究的某些讨论会或田野考察。由此可见，这一研究的关注点并不只局限在南部中国，而是表现为一种致力的方向，一种更大范围和更多问题的共同关注，也许还表明了更多的认同、交流及切磋。

（一）考察的地区和活动的基本形式

1. 地区

我自 1992 年 8 月第一次开始，到 2002 年 7 月中旬的福建连城之行，参加的考察活动一共有 20 次，具体情况为：

（1）广州市、珠江三角洲及周边各县市：8 次；

（2）广东梅州（客家）地区：2 次；

（3）福建莆田地区和闽西地区：6 次（其中一次与台湾考察相连接）；

（4）入香港会议和考察：4 次（其中一次与梅州考察相连接）；

（5）赴台湾考察：1 次；

（6）赴江西考察：1 次。

2. 形式

（1）一般是先开一个一天左右的研讨会，接着下去考察。

（2）考察的地点多数是某个学者比较长期关注的个案所在（即所谓"做田野"的地方）。

（3）白天考察，晚上讨论，效率甚高，但人也往往非常疲劳。

对于这种考察的抵近观察，有两篇文章可以参考：

第一篇是《首都师范大学学报（社会科学版）》1999

年第 6 期《追求历史学与其他社会科学的结合——区域社会史研究学者四人谈》，作者是邹兆辰、邓京力等先生（化名"史克祖"），曾于 1998 年广东增城考察时同行。

第二篇是《中华读书报》2002 年 5 月 22 日"文史天地"版《人文学者的工作坊》，由《光明日报》理论部张小也博士撰写。2001 年 12 月她也参加了从广东湛江到广西北海的考察，前后 7 天。

（二）两点体会

第一，这种研讨和考察活动，表现出强烈的对学生进行培养和训练的主观努力。

多年来，除了去香港、台湾地区因通行证等条件的限制外，凡是在国内的考察，几乎都带了学生去（研究生为主，也有本科生），而且一般提供食宿，鼓励多带学生去。到了田野，要求学生们多看，多问。到晚上讨论时，让学生们先说看到的东西，并提出自己的判断或疑问。老师或作解答，或提出来让大家讨论。经过这种训练，学生逐渐体会到在田野考察中什么东西是最应当关注的，而且要学会分析，要去联系，去问"为什么"。头一天忽略了的，第二天可能就会留意，并加以比较。这种训练很累人，但学生得到的是书本知识以外的东西和体验，非常重要。久而久之，学生思考问题就不会光从书本（特别是译著）上看到的概念、术语入手，就不会只泛泛地理解和说明问题。

另外还应该体会到，因为总有学生参加，人数最多时有三四十个，吃、住、行都要费心安排，由此也反映出华南的学者们筹措和调动各种资源的能量。

第二，这种研讨和考察活动对考察者理解中国传统社会，理解中国历史乃至对整个历史观的改造，都是极有意义的。

这一点如果只这样说，很容易显得空洞，也许可以概括为一个更直白的问题，即在中国这样一个文献资料极为丰富的国度，田野考察的意义何在（因为华南的学者常常被一些朋友善意地称为"田野派"）。今天很高兴地看到日本学者森正夫教授参加会议的论文，是讨论"田野调查作为历史研究的方法具有的功效"，共提到 7 个方面，很全面。

我个人的体会是：

（1）田野考察从来没有也不可能与文献资料相脱离。这批学者多是做过明清史研究的，都是非常熟悉制度史典籍和地方文献的，并以掌握大量地方文献为田野工作的前提。典型的例证，如郑振满教授多年来与加拿大麦吉尔大学丁荷生（Kenneth Dean）教授合作，分地区编印《福建宗教碑铭汇编》，工程浩大，所有的研究生几乎都参与了这项工作。在田野考察中看到和感觉到问题时，首先被要求说明和了解的，是一个"地方史"的过程，是制度史的背景，以作为解释的基础。一个人如果对文献资料没有了解，根本做不好田野。

（2）所谓"历史研究"，本质上是"人的历史研究"，是对人、对人的生活和生活质量的研究。在田野考察中所看到和意识到的各种行为、各种要素及其背后的东西，都可以成为我们理解人们生活的一种途径，一种必要的过程。特别是通过不同空间、不同类型的田野考察，也许更多体会到的是人们生存中所面对的各种制约，以及因此而产生的无奈和机巧，从而会产生更多的"理解的同情"，就不会轻易地否定传统社会中人们调用资源的手段和组织形式等，就不会轻率地否定那些实际上我们并不理解的东西。在我印象中，华南的学者在面对各种文本资料时，自问最多的就是："我读懂了这段史料吗？""我懂得这段文字背后的东西吗？"经验说明：如果我们不懂得文字作者的生活和写文字的目的，不了解他们的生活场景，我们是不可能真正理解这些文字的。通过田野工作，发生变化的可能是我们对各种"要素"的敏感，是对"问题"的捕捉能力，是对"历史"的新领悟，以及对文本历史、历史教科书的整体反思和质疑。

◎ 江西遭遇世界 *

在确定用"海外研究江西译丛"来为这套丛书命名时，我知道可能引起误解：一些读者会以为海外学者的这些著述是"专门"研究江西的。其实不然。这些学者研究的对象和空间是"江西"，它作为"中国"的一个地方，的确形成了不可分割的整体面貌和地方特色，但并不具有异于"中国"的特质。所以，他们关心的"江西"主要是一个"说事儿"的案例，一个做实验的空间，而最重要的问题意识是想考察"中国"发生了什么，怎么样了，为什么，等等。如果套用一句现成的话，那就是"从江西看中国，从中国看江西"。

---

* 本文为梁洪生主编的"海外研究江西译丛"总序，见 [美] 斯坦利·福勒·莱特：《江西地方贸易与税收（1850—1920）》，杨勇译，南昌，江西教育出版社，2004。该书为"海外研究江西译丛"第一部问世的译著。

这是一种考察角度，是一种思维模式，还是一种学术训练和学术传承的结果。这也是有些国内同人不熟悉、不习惯的，因为以往的通史模式和学术训练教给我们的是另外一套东西。以自己的经历来说，要进行这种考察角度和思维模式的转换，需要时间，要多读别人的书，还要有实实在在的研究作为演练，往往还不能得心应手，运用自如。但这种转变的确需要，值得。

近年来，对翻译海外的学术成果和思想所造成的影响有不少比喻，那么，对于这套"译丛"的立意和目标能给出一种说明和预期吗？我想，也许用"第三只眼睛看江西"这句话还算合适。这是江西籍著名作家胡平先生对我的一次访谈话题，是想在近代社会大变局的背景下，跳出江西看江西，看看别人如何界定和评说江西。只是这里的"别人"换成了"海外"，换成了中国大陆以外其他国家和地区的人。

筹划这样一套"译丛"，还因为自己有一种感受和用心：这么多年来，江西的学子们可以看到的"译丛""文库""书系"已有不少，且颇多名著，但产生的影响似乎并不明显，读进去的有限。其中当有多种原因，但想来这些书都在说别处，说大地方，说"显学"，读起来难免有隔膜感，恐怕也是原因之一。那么翻译一些说本地事、讲身边人的著作，也许比较容易产生亲近感，并能够提供一些深入研究和比较的案例和解释。这样，由关注具体的"事"到思考背后的"理"，由一域而扩大到更大的空间，或许有更多的本地读者可以从中受益，进而有可能培养出理论思考的兴趣来。

这篇类似于总序的文字，本来是以"江西与世界的对话"为题的，成文之后，先寄给一些在外省高校工作或读书的朋友听取意见。一位以直言著称的优秀学者——也是我的大学同学——用一句话表达了他的见解："江西还没有对话！"斟酌再三，觉得他言而有据。他是从江西走出去的学子，对这块土地知根知底，而且返观者必有其不同的视角。的确，我们这些年来还只是迎面碰见了外来人，往往语塞，或是茫茫然不知对方为何等角色，为何来此。换言之，是一个外部世界向江西走来，二者相遇了，江西"被卷入"了世界。从以往的学术传统和积累，现今的学术队伍总量和构成，应对外部影响和挑战的心理准备、技术能量等方面来看，江西在整体上还是缺乏对话能力。因而我改写了题目，也更强化了我的一种意愿，那就是做这样一套"译丛"，不仅仅是把书译过来出版而已，而且还要从学术史上加以回溯，应该把自己放进去，梳理出一条从过去走到今天、由"渐知"到"渐行"的轨迹，看看起初我们是如何了解到一个外部世界对江西的研究，后来又是怎样开始和这些研究者们进行交流切磋。毫不夸张地说，如果没有这样一个渐进的历程，现在就不可能有这套"译丛"的问世。风动旗动心不动，外面的世界再精彩也等于不存在。

（一）

1980年4月，中国史学会第二次代表大会召开，会议的号召之一是全国编修新方志，得到与会学者的积极响应。次年8月，"中国地方史志协会"成立，各省编修地方志的工作由此而逐步展开。就各地方高校而言，虽然不是编修方志的主要部门，但展开系统的地方史研究，无疑与这样一个大背景的影响有直接关系。江西师范大学历史系的地方史教研室就成立于1980年，在当时的江西高校中，这是第一个也是唯一一个专门从事地方史教研的机构。此后，组建队伍、开设课程、汇编资料、研究专题，一做就是十多年。到1991年，获得"中国地方史"硕士授予权，成为当时全国高校中第六个被批准的"中国地方史"硕士点。同年年底，研究室主任许怀林教授独撰的《江西史稿》完成，洋洋五十余万言，是其十余年来对江西历史关注和解释的集大成之作，一个阶段的研究脉络和视角也由此得以反映。

在此期间，通过阅读中文的历史专业学刊了解外部世界的动态，是江西这一类地区学者的主要途径。以我个人的经历而言，首先必须提到的是《中国史研究动态》1980年第9期的一篇对自己影响很大的文章，即黄宗智的《三十年来美国研究中国近现代史（兼及明清史）的概况》一文。黄宗智当时是美国加州大学洛杉矶分校历史系副教授，《近现代中国》（*Modern China*）的总编，他在 1980 年春天来中国访问，先后去了中国社科院历史研究所、中国人民大学、北京大学、南开大学、山东大学、南京大学、上海社科院经济研究所、厦门大学等处作报告，该文就是他根据以上讲稿综合而成的。文章开篇说明："美国对中国历史的研究，这三十年发展很快；五十年代时研究者寥寥无几，现在已达千人以上。研究重点是中国的近现代史……截至一九七七年，英语世界，主要是美国，出版了有关中国近现代史的著作共九百八十六种。"除了数量的统计外，更重要的是黄宗智将三十年来的研究者大致划分为三代人，并就其代表作加以简介。由此我们知道，第一代的领袖人物是哈佛大学的费正清（John Fairbank），突出的学者有耶鲁大学的玛丽·赖特（Mary Wright，亦译作芮玛丽）、勒文森（Joseph Levenson，亦译作列文森）以及哈佛大学的许华茨（Benjamin Schwartz，亦译作史华慈）等。与此同时，"还有一个比较成熟的、从中国移植美国的史学研究，它是由中国血统的学者组成的"。黄宗智随之提到了萧公权、何炳棣、张仲礼、瞿同祖四人的研究重点和代表作，并作如下评述："以上四位先生都源出于解放前中国社会科学研究的传统，他们在美国经过多年的耕耘才获得了那些研究成果。他们的著作引用了大量资料，并且结合了比较新的社会科学方法或概念，是今天的研究生必读的基础书。这些著作为第二代美国的中国史研究打下了基础。"

黄宗智继而将斯坦福大学的施坚雅（G. William Skinner），哈佛大学的珀金斯（Dwright Perkins）、库恩（Philip Kuhn，亦译作孔飞力）以及加州大学伯克利分校的魏斐德（Frederic Wakeman Jr.）作为第二代学者的代表，并以"结合社会科学的历史研究"来界定这一批学者的特点。但很明显，对于被黄宗智称为"第三代青年学者"的介绍，是该文的重点，五分之三的篇幅给了这批"六十年代后期和七十年代毕业的研究生"，并坦言 *Mordern China* 季刊从 1975 年创刊以来，"主要代表第三代学术中的一些新的趋势"。黄宗智将这一批学者的研究重点定义为"酝酿中的反帝史、经济史、民众运动史和地方史"，他们和前辈学者的区别和发展在于："从第一代的官方史，到第二代的结合社会科学的经济史、社会史，到第三代的综合性的地方史，这个过程的主要学术内容是史学和各门社会科学的结合。因现代的社会科学而对历史提出了一些新的问题，用了一些新的方法，也使历史的研究更加多元化、多面化。这是美国的中国近现代史研究的现代化的主要过程。"如果说我们由此而得知裴宜理（Elizabeth Perry）、周锡瑞（Joseph Esherick）、韩书瑞（Susan Naquin）等人的著作，并在后来江苏人民出版社的"海外中国研究丛书"中看见它们，那么黄宗智所述这一代学者开始"对哈佛学派的为帝国主义辩护的学术的批评"，实际上已经在向中国大陆学者介绍美国史学界对"美国中心观"的扭转。但有些中国学者后来在陈述这一转变的学术史时，对黄宗智该文所作的推介似乎未给予足够的尊重，甚至可以明显看出有从黄文移植过来的影子的也是如此。而至少对我这样一个地方院校的读者而言，黄文始终是一棵常青树，有长时间的引导作用，而且越是到后来，越发令人感到其信息量大，概括全面，理论穿透力强。我也是在黄宗智此文中，得知他本人和两名研究生合作撰写了一部《中国共产党和农村社会：中央苏区时期》，于1978年出版。黄宗智还提到他本人主要利用陈诚"石叟文库"和毛泽东《兴国调查》等资料，来"考察土地革命时期党和区、乡、村三级基层社会之间的相互作用"。尽管该书至今没有中译本问世，但推测其论及的地域空间应该主要在赣南及闽西一带。

1983年底，《历史研究》第4期"学术动态"栏发表了芝加哥大学历史系艾恺（Guy S. Alitto）教授的《当前西方史学界研究中国地方史的趋势》一文。文尾注明原文用中文写成，但"发表时内容有所删节"。对于作者没有介绍，而大陆的读者应当到1991年至1993年间，才会看到他的两部名著《最后的儒家——梁漱溟与中国现代化的两难》《世界范围内的反现代化思潮——论文化守成主义》，并在两书的"中文版序言"和"代序"中，比较全面地了解到作者的学术成就及其在美国学术界的地位。艾恺的文章不长，在对美国研究中国近现代史的学者介绍和评介方面，总的来说没有溢出上述黄宗智一文的框架，也用了"第一代""第二代"的划分。又以"年轻的一代"来概括 20 世纪 70 年代以后开始写文章的人群，并说明"最近四五年来，西方研究中国近现代史的学者，特别是年轻的一代，日渐将研究的焦点集中到中国地方史方面，许多研究生也选择地方史作为博士论文的题材"。该文的特色和贡献是在不长的正文之后，列出了 48 位学者的姓名、通讯处、研究题目，对于国内学者了解西方史学界研究中国地方史的状况不无裨益。

无论是黄宗智还是艾恺，都在文中提到中国共产党的革命及农民运动、"农民学"的研究成为热点问题，所以在英语世界，对中央苏区和国共两党在江西活动的研究，还是多于对江西其他历史专题的研究。这种状态，似乎在 20 世纪 80 年代江西学人对英语世界研究动态的了解方面也表现出来。在《中国史研究动态》1989 年第 10 期上，有江西学者撰写的《近年来江西地方史研究概述》，对英语世界的研究动态未着一字。而在江西出版的《党史文苑》1990 年第 1 期上，则有黄平所撰《国外关于二战时期江西党史研究情况简述》一文，从史料汇编、人物传记与回忆、专题研究三个方面加以介绍，其中用较大篇幅讨论黄宗智本人的三篇文章，即《共产主义运动中的知识分子、游民无产者、工人和农民——1927—1934 年兴国县的实例》《毛泽东与中农

（1925—1928）》和《二十世纪中国农村的分析：革命者与西方学术界的对抗》；还提到黄宗智在1978年发表的《评关于江西时期的几部西方著作》一文，"对西方研究二战时期江西党史的比较有代表性的五本书进行了分析评价"。据后来了解，黄平主要是参照了北京大学张注洪教授《中国现代革命史史料学》一书的相关论述，写成这一部分，但对国外研究动态的重视和借鉴由此而表现出来，其问题关注也明显超出狭隘的地方史视角。所以，他引用了黄宗智以下一段论述作为自己文章的结尾："只有把领导层的斗争置于广阔的社会背景之中，才能懂得中国革命，懂得中国革命是在江西时期开始形成的一场巨大的社会运动。"

我本人最近见到的一个研究者实例，是西华盛顿大学历史系副教授汤若杰（Roger R. Thompson），1990年7月他曾到过江西寻乌县考察，并将毛泽东《寻乌调查》译成英文在美国出版。2003年11月底，因为寻乌县政府的积极邀请和资助，汤若杰先生几乎以闪电速度拿到签证，偕妻子来寻乌县参加"纪念毛泽东诞辰110周年暨《寻乌调查》与毛泽东对马克思主义中国化的探索学术研讨会"。此前我已确知英译本《寻乌调查》（*Report from Xunwu*）在1993年由斯坦福大学出版社再版，但一个新的情况是在我和他深谈后才知道，即在美、英有一些大学的历史系把英译本《寻乌调查》作为学生了解中国社会和革命的必读书及原始资料。

他还给我看了厚厚一叠美国大学生的作业为例证，如一篇读书报告即《如何从毛泽东的〈寻乌调查〉去分析中国社会？》（"How Perceptive an Analysis of Chinese Society is Mao Zedong's 'Report from Xunwu'？"），可知他们是认真的。而且对那些还未能来中国做实地考察的外国大学生来说，此举不失为了解中国传统社会及革命的途径之一——即使是细读过《寻乌调查》全文的中国人，谁又能不赞叹毛泽东对农村和县城生活调查之细，了解之深呢？汤若杰在《寻乌调查》英译本"导言"中已经作了如下提示："尽管确实可以证明我们把这篇文章当作研究如历史、人类学、社会学、商业、农业和教育等领域的资料来源是正确的，但最好还是要记得把它看作一部政治文献，一部在革命中产生的文献。"换言之，把"历史的文献"放回到"历史的环境中"去考察，把"革命的文献"放到"革命的过程中"去理解。因而，不仅要关注《寻乌调查》的写作，还要关注作为寻乌本地革命者的古柏是怎样帮助了这些调查的进行，《寻乌调查》手稿后来长时间的"遗失"及其在1982年的正式出版，以及该文在论证邓小平重新提倡"实事求是"的作风之正确方面所起的作用等。这些都是汤若杰"导言"一再提及并尽力加以解读的地方。现在，江西师大历史系的研究生刘慧已完成这篇"导言"的翻译工作，将有助于人们对国外学者研究《寻乌调查》现状的了解，而且更会启发我们去思考以往忽略了的甚至从未想过应该讨论的问题。然而，由于种种的现实原因，至少上述英文著述的绝大多数至今仍未译成中文，甚或是已经译成了中文却未获出版机会，令人颇感遗憾。但我们明确地知道它们在英语世界的后续研究中反复被征引和讨论，而大多数国内学人还因为无法看到或看懂其原著而难以展开对话。对此，我们已在努力，并相信随着时间的推移，一批中文译本将作为曾经存在的意识形态对立及其逐步消解的双重例证，呈献到读者的面前。

（二）

在人文学科的对外开放方面，江西与政治文化中心及沿海地区的差距在 20 世纪 80 年代已经相当明显地表现出来。当时人人言及的江西"三无"——无重点大学、无学部委员、无博士点——至少说明就其高校的状态而言，缺乏人文社会科学研究的发言资格和应对挑战的能力，以及由此所处的边缘状态。而这十年的差距，向前追溯，与 50 年代"院系调整"造成的影响不无密切关系；向后延伸，则使一批江西学人长时间地感到这份遗产实在沉重。到 90 年代初期，直面与"下海"热潮形成强烈反差的学术萧条，江西高校一批年近不惑的人文工作者出现了一次大分化，相当一批"孔雀东南飞"，令人扼腕！而在这次人生抉择中再一次倾向学术的人群，自此也就沉下心来，义无反顾地为以后的生存发展做长久计了。可庆幸的是，江西师大作为江西历史最悠久的综合性大学，还是有老的学术传统，不仅古籍藏量居全省高校之首，而且对社会科学类书刊的收藏、订阅也有多年的积累，甚至文、史系科的图书资料室都藏书可观，不乏精品。这些书刊给读者提供信息的过程常常是：先从一批发黄的学刊中发现民国时期的一些研究成果和译文，启发你不得不去关注20世纪前期以来的学者队伍构成及其学术如何传承；而70年代末以后作为"目录索引"或"汇编"出版的各类工具书，则可使人对此前二十多年间无法与外部世界直接对话时，别人对我们的研究进展如何有所了解。更重要的是，即使在外部环境十分不理想的时候，只要你还想做学问，在这道院墙内照样有小楼可成一统，后生学子还可以看到一批老者倔强忙碌的身影，并逐渐以他们为精神引路人和同志。这样，以后的十余年里，除了对上述英美学者研究赣南闽西根据地革命运动的动态着意了解外，我们的关注还经历了一个从"政治"到"经济"再到逐渐靠近"社会"的变化过程。

从有关"目录索引"或"回顾"资料看，20世纪50—70年代"海外"关注江西的另一支队伍在日本，时段则主要锁定在宋代。长期以来，宋史在日本都是一个热门的研究，宋代的理学研究是一个传统课题，明治维新以来，以东京大学为中心的"中国哲学"派是研究理学的主要力量。自从内藤湖南 1910 年《概括的唐宋史观》一文发表，主张宋代是中国近世的开始，唐宋这一变化时期出现的各种问题都引起日本学者关注。其中，基于科举制度的发展和巩固之上形成的宋代"文官政府"及其对宋代君主集权制的积极作用，是最具结构性的重大课题。因而对于五代到宋初南方的地方豪强家族得势，各地士子通过科举走上政治舞台的研究也逐渐发展起来，江西这样一个两宋科举特别兴盛、人文蔚起的地区就显得分外耀眼。已知的研究至少有青山定雄的《五代和宋代的新兴江西官僚》（《和田博士还历纪念东洋史论丛》，讲谈社，1951 年出版）、《宋代江西出身的高官的婚姻关系》（《圣心女子大学论丛》，1967 年第 29 期）、《宋代华南官僚系谱——重点论述长江流域的官僚》（分三部分发表于 1974 年和 1977 年），吉冈义信的《北宋初期官场的南人官僚——对王钦若和丁若的研究》（《铃峰女子短期大学研究集报》，1955 年第 2 期），清水茂的《北宋与晏殊和欧阳修等名人有姻戚关系的人》（《东洋史研究》，1960 年第 20 卷第 3 期），东一夫的《王安石的万言书和地方政治》（《东京艺术大学研究报告》17 集 10 分册，1966 年），等等。这一关注以后一直延续下来，如森田宪司的《宋元时代的修谱》（《东洋史研究》，1979 年第 3 期）认为，对江西各家族谱牒的研究会涉及对族谱有浓厚兴趣的地方理学家集团。东一夫的《王安石的学统》（《多贺论集》，1983 年）

一文认为，王安石的学统同《宋元学案》中的安定、庐陵二学案有密切关系。柳田节子则有《文谢之死》（《响沫集》，1987 年）一文，专门研究了文天祥和谢枋得二人之死。小林义广多年集中研究欧阳修，1999 年有《欧阳修的后半生与宗族》（东海大学文学部《纪要》70）一文，分析了欧阳修重视血缘关系，编撰族谱以维系宗族精神团结的行为，从中领会宋代士大夫的精神意识。1986 年 7 月，江西省历史学会为纪念王安石逝世九百周年，编印了《王安石研究文辑》，其中专有"日本王安石研究论文著作选目"，一共辑录了 27 篇论文的题目并注明出处。这些论文虽然多从政治制度史的角度加以论述，但也在一定程度上丰富了对王安石个人及其社会关系的研究和理解。

坦率地说，我们至今还难以系统而全面地把握这些研究之间的传承关系，但可以感觉到日本学界对宋代士大夫的研究，明显受到了唐以前"豪族共同体"论和明清"乡绅"论的影响，并且在对个人或家庭、家族的研究方面，已经显出对"地域社会"的深刻关注。例如，我们至少还看到日本著名学者斯波义信《江西宜春的李渠（809—1871）与乡绅》的研究（《东洋史研究》，1977 年第 36 卷第 3 期，并于1995 年 1 月在海南"中国国际汉学研讨会"上宣读），该研究关注两点：通过考察这条存在于唐、宋、元、明、清五朝的水渠，看中国历史上的现代化都市（袁州）及其近郊的供水设施；考察乡绅在李渠的维护和运营中所起的作用。作者看到的情况是：自晚唐到北宋期间，李渠的管理由渠长一人承担；从南宋宝庆三年（1227）以后，李渠的日常管理由城内的"甲户"和近郊的"陂户"共同承担，具体事务由城内的乡绅负责，这种管理体制一直延续到明清。斯波义信将这种水利运营形态视为"一种早期的、处于萌芽状态的由乡绅领导下的城市参事会"。2001年1月以后，中国大陆的读者可以在其《宋代江南经济史研究》（"海外中国研究丛书"本，江苏人民出版社，2001年1月出版）一书中，看到他对李渠的详细研究和进一步申论。此外，1987年伊藤宏明发表的《唐末五代时期江西地域的地方势力》一文，在回顾以往研究的基础上，进一步梳理了唐末政府在江西的管理秩序崩坏之后，钟传、危全讽、彭玕、卢光稠及谭全播等地方军阀势力的崛起过程，并且把土著居民的族属问题也一并加以讨论，且始终把这种变化当作"唐宋变革"的具体案例来考察。

在此，还有一位韩国学者吴金成教授对江西明清社会的研究必须提及，并以之说明他与日本学界的渊源关系。1995年8月，吴教授第一次到江西，与师大地方史教研室的几位老师见面。那是一次很有意思的晤谈：吴教授懂汉文而不会说中国话，同来的祥明女子大学史学科金钟博教授则会说中国话而不认识汉文，而我们是既不懂韩文又不会说韩语。这样，无论是说过来还是说过去，都要以金教授为中介；而一旦要看史料，则又要吴教授先用韩语解释，金教授才能懂。吴教授供职于国立汉城大学（现称首尔大学）东洋史学科，当时还担任韩国"东洋史学会"会长。据他本人1993年发表的《近十年来韩国的中国近现代史研究》一文回顾，韩国的"东洋史学会"创立于1965年，次年开始出版韩文的《东洋史学研究》期刊，主要研究中国历史，其所谓"中国近现代史"包括明清史在内。1969年汉城大学将史学系一分为三，建立了韩国第一个以研究中国历史为主的"东洋史学系"。吴金成是在日本读的博士，最早的中国史研究论文发表于1964年，其后十年间的系列论文集中在明末清初士大夫及教育、科举等问题上。第一篇研究江西区域社会史的论文见于1984年，题为《海瑞新论——明末江西南部的社会和他的治绩》。此后，他又发表了《明代鄱阳湖周边农村的社会变动》（1985）、《明代鄱阳湖周边的水利开发与绅士》（1985）、《明代长江中游三省地域的社会变化和绅士》（1986）、《明代江西农村的社会变化和绅士》（1989）、《明末清初江西南部的社会与绅士——清朝权力的地方渗透过程与关联》（1990）、《清朝权力的地方渗透过程——以明末清初江西南部地方为中心》（1991）、《明清时期在湖广的江西商人》（1999）等文。2001年8月，吴教授来福建南平参加"第九届明史国际学术讨论会"，又赠送了四篇新作：《明末清初的社会变化与都市社会——以景德镇及周边地域为例》（1999）、《明清时代的社会变化与山区都市的命运——以江西河口镇为中心》（2000）、《明清时代河口镇居民的存在样态》（2001）、《明清时代工商业市镇的发展与商人——以景德镇、河口镇为中心》（2001）。如果我们知道吴教授多年来还研究中国传统社会的"无赖"团伙，那么可以明显看出他从过去对农村社会、乡绅作用的关注转向对明清江西市镇及其居民生存形态、商人集团的研究。而且从地域范围看，他拓展了对明清时期作为"长江中游之谷仓地区"的江西、湖南、湖北三省的比较研究。故他山之石，我们不仅大可借取，还应先以之为师。

在这个过程中，我们又逐渐注意到民国时期日本来华人员在江西的调查。最早的中文资料，见诸师大图书馆所藏民国四年（1915）《地学杂志》第6年第2、7、8、9期连载的日本理学士野田势次郎在江西的实地考察报告。《地学杂志》系张相文1910年创办于天津，1927年以前一般每年出版10～12期。第6年第2期发表《述野田氏大庾岭之调查报告》，译者为林壬。开篇有按语说明："日本理学士野田势次郎所著湘桂山地及资水流域之调查报告，曩既经节译载本杂志矣，兹又获其大庾岭旅行之调查报告及湘水流域之调查报告二篇。此类文告，殊非寻常游记之比，堪为振兴实业研究地学之资，爰更译述，赓续载之。"从文中可知野田氏由广东东莞、惠州、河源、连平一路北上，进入江西的龙南、信丰、赣州、南康、南安（梁按：今大余），再入广东南雄，终抵韶关。前后 47 天，行程"三千五百七十里"。野田氏文字所述分为"区域""地形""气候及交通""地质""物产""地方""泉币风俗等"各节，尤其是"地质"一节又细分为"水成岩""火成岩"两大类，在"水成岩类"之下又分成"古生层""赭色砂岩层""冲积层"三小类，非常专业，据此推测野田氏可能是地理学科出身。另外又如"地方"小节，对所到各县的河流、城墙、城区规模及居民概数皆作简要记载。再如"泉币"小节，对各地使用的货币，尤其是地方小币种之混乱与使用不便等有所记述，史料价值甚高。此后在《地学杂志》第 6 年第 7、8 合期及第 9 期上，又分别刊载《述野田氏赣江流域之调查报告》《述野田氏袁江流域之调查报告》二文，记述内容的章节分类与前引大庾岭一文基本相同，皆由张与权翻译。综其所述，大致可知野田氏1915 年 1 月 8 日前在闽西地区调查，1 月 8 日由江西瑞金开始，先后经会昌、赣县、万安、泰和、吉水、新淦等县，到达南昌，前后 18 天，行程"千二百四十五里"。又从 1 月 31 日开始，由九江到南昌，到樟树镇，到新喻，到分宜，到袁州（梁按：今宜春），到萍乡，再到湖南醴陵，共计 22 天，"里程约二千余"。根据野田氏的记述判断，他应是现知民初以来在江西境内以科学手段综合考察地理环境、地质地貌、社会生活、民情风俗的第一人，而且也可能是最早按比例绘制大庾岭与赣江流域地质图的人。然而关于他本人的履历及后来的情况，一直未见记载。近十多年来，我曾多次拜托在日本留学或访问的朋友代为查找，皆无发现，留下一段悬案。

2003 年，在复旦大学历史地理研究所深造的杨勇博士将日文版《"支那"省别全志·江西省》卷复印寄来，并且还综合了上海苏智良、日本薄井由等学者的有关研究，对清末民初由日本东亚同文书院组织的中国内地大型旅行调查作了介绍，以利于我们加深对这部全志的背景的了解。方知东亚同文书院最初是 1900 年 5 月由日本东亚同文会（首任会长近卫笃麿）在中国南京设立的学校，当时称南京同文书院。同年 8 月受义和团运动影响迁至上海，1901 年 8 月改称上海东亚同文书院，直到 1945 年关闭。从第一期开始，书院就要求学生在最后一学年里，拿着中国政府的许可证，身带牙粉、仁丹和味精，以两个月或半年时间，到中国各地或东南亚去旅行调查。学生们还多方设法，拿到四川、云南、外蒙古等地方政权和军阀签署的通行证，跋山涉水，到过许多对外国人来说是奥地秘境的地方，完成了旅行调查。商科学生调查经济状况尤其精细，项目有农政、土地权利转移、资本、买办、会馆、公所（同乡会）、水运、仓库业、物价、货币、工人、民众生活程度等，从而获得了大量第一手资料。调查报告书完成后，一式五份，除向参谋本部、外务省和农商务省各呈一份外，东亚同文会和东亚同文书院还各留一份。书院的旅行调查延续了45年，参加者达5000人，仅从第5期到第42期学生的旅行线路就达676条。调查过江西的几期为：1908年第6期学生楚粤班、赣闽粤班，1909年第7期学生皖南赣闽班、汉口厦门班，1910年第8期学生赣粤班，1915年第13期学生江西东线班、江西西线班，1916年第14期学生江西福建班。调查者们留下的32部旅行志、数十亿字的调查报告书，被称为世界最大规模的旅行调查。《"支那"省别全志》的主要参考资料就是这些学生的调查报告书，截止时间大约是1916年。从1916年到1920年，《"支那"省别全志》共出版了18卷，为日本侵华前所搜集的中国国情情报资料总汇。《江西省》卷的丰富内容将使我们明显增加对民初江西社会状况的了解，目前该书已交与师大外语学院日文教师彭武英女士翻译。另外，对东亚同文书院学生旅行调查的了解也给我一个启发：上述野田势次郎的调查或许也是在同一背景下进行的，只是被以前的研究所遗漏。对其进一步的考证，可待日后留心进行。

（三）

进入20世纪90年代以后，江西高校在人文学科发展方面有了新的变化。第一个变化是国内高校间的访学活动逐渐制度化，使江西一批中青年教师有可能走出去，到学术中心去看看，体验什么是"学术"。我本人就是这一变化的受益者之一，1990年到1991年，我去厦门大学中国经济史博士点做访问学者。在一年时间里，我一面听业师郑学檬教授和韩国磐教授讲课，做论文，一面与郑振满博士等明清史段的学者有了密切接触，人类学专业的研究生答辩也去旁听，台湾研究所的图书资料室常去光顾。多学科的交融开阔了我的视野，历史学研究的目的、对象和以往地方史研究的缺陷等，更是常与郑博士彻夜长谈的话题。越是到后来，我越是意识到那一年的学习经历，对我从传统的地方史研究转向区域社会经济史研究具有多么重要的意义。这以后，我又得以与广东及境外的一批学者相识，逐渐介入被称为"华南研究"的一个更大学术群体中，多次参加闽粤沿海地区及港台地区的田野考察，看神庙，观仪式，进宗祠，读家谱，找碑刻，自己又在江西的村落与商镇做个案研究，然后展开深入而坦诚的讨论。如果说这样一个过程是我学术生命的又一次锻造，丝毫也不过分。能够在年近不惑时看准自己应该做什么、可以做什么，并遇到一批可以为师为友的同志，真是十分幸运！

第二个变化是随着社会开放程度的加大，直接进入江西的境外学者也在增加，不同语言与文化之间面对面的交流毕竟比以前多了一些。这种交流方式不仅使学术本身能有比较详尽的讨论，更重要的是对国外学者的师承关系、学术风格以及作为一个"人"的精神状貌能有更全面的了解，而这对于了解别人的思维方式、看懂别人的文章才是至关重要的一点。到了 90 年代后期，随着 E-mail 技术的普及，异文化、异文字之间的交流变得前所未有的快捷和频繁，并使越来越多的学术新成果可以为世界各地的朋友所共享。从这个意义上说，江西这类学术比较边缘化地区的学者在资讯获取方面，原有的空缺在很大程度上得以填补。

第三个变化是江西的社会文化氛围有所改善，突出的标志之一，是 20 世纪 90 年代前期由南昌大学几位学者率先发起的"赣文化"讨论及其在各界引起的反应。如果说当时这场以大众媒体为传播主渠道的讨论主要是"呐喊"造势，以唤起江西各界的自我意识和国人对江西的关注，那么从其参加的主体力量来考察，则可明显看出是一批中年学者所为。他们已经有了比较丰硕的研究成果，包括最早一批学成回省的江西籍博士，多数已有副教授以上的职称；他们在各自的专业领域逐渐崭露头角，并已获取了一部分资源，可以有所作为；他们对多年以来江西的整体寂寞深感不满，期望打破坚冰，为江西、为学术也为自己获取更大的发展空间。更何况作为江西唯一进入"211 工程"的大学，以往的"三无"状态已有零的突破，势必要发出异乎寻常的声音。所以无论对这场"讨论"的主题和概念存在多少异议，都应看到其不容否认的客观效果之一，那就是至少在江西的文化界和管理层中，大大强化了对"江西"的历史情结以及由此引发的一种落差感，进而使对地方历史的研究和对现实问题的关注获得了更大程度的认可，并生成更多令人感兴趣的话题。到1996年12月，江西师大成立区域社会研究资料中心，既表现为努力夯实区域社会研究的学术基础，并以之与更多的学术资料机构建立广泛联系，也可以说是江西高校学术氛围有所改善的结果之一，它开辟了又一个发展学术的良性空间。到90年代后期，我本人对海外研究江西历史的动态了解逐渐丰满和系统化，并多次为本校及其他一些高校的学生作了题为《近百年来外国人眼里的江西——以著述为例》《改革开放以来英语世界对江西的关注和研究》的讲座。有意思的是，通过这样一种梳理发现：海外研究江西历史的著作如何传到我们手上，变成可读之物、可译之本的这个"过程"，构成我们认识世界并开始与之接触的一根主线；这些著作背后发生的一些"故事"，更显示出江西社会逐渐变化和开放的深刻内容来。

第一部要提到的书是美国学者罗伯特·海姆斯（Robert P. Hymes，亦译作韩明士）教授的《政治家与绅士：两宋江西抚州地方精英》（*Statesmen and Gentlemen: The Elite of Fu-Chou, Chiang-Hsi, in Northern and Southern Sung*）。作者1979年由宾夕法尼亚大学博士毕业，师从罗伯特·哈特韦尔（Robert Hartwell，亦译作郝若贝）教授。1985年5月24日，海姆斯独自一人来到江西师大地方史教研室，与在此工作的两位学者作了交流：一位是教研室主任许怀林先生，他曾师从邓广铭教授，专攻宋史出身；另一位是左行培先生，曾多年担任谷霁光教授的助手。海姆斯还赠送了他的博士论文简印本并签名留念，当时书名为《中国宋代的望族与权力：江西抚州的地方精英》（"Prominence and Power in Sung China: The Local Ellie of Fu-Chou, Chiang-Hsi"）。此后不久，我看到了这个文本，并联想起早几年北京一个学刊的误导：1982年出版的《中国地方史志》第2期上，有一则关于"美国学术界重视中国地方史志研究"的报道，提到1980年美国历史学者代表团去上海访问，成员中就有哈特韦尔教授。他介绍了他的一些博士生研究的课题，其中就有海姆斯此文，但却被译为《江西巡抚社会结构》，于文于理，全然不通，《中国地方史志》也照载不误。足见作为王安石和陆九渊家乡的抚州，对20世纪80年代初期的国人来说，还是多么陌生。由于有过这么一个插曲并想弄清究竟，我曾试译了这个文本的前言和目录，看到海姆斯致谢的人中没有一个是大陆学者，映照出此前二十余年间中国大陆与境外学者之间的隔绝状态。但他感谢了日本的宫崎市定、梅原郁等一批著名学者，因为他曾在日本京都大学做过18个月的研究。我也详细点算了他引用的各种版本的宋人文集、地方志和谱牒，共计95种，这样我才能理解为什么后来看到的诸多书评都对作者搜集材料之宏富有一致的肯定。1989

年，江西两位青年学者节译了该书第一章，并以《社会变动性与科举考试》为标题，发表在《江西社会科学》一刊上。遗憾的是该文将"mobility"一词译为"变动"而不是"流动"，显然是对中外学者[如潘光旦、费孝通、柯睿格（Edward Kracke）、何炳棣等人]研究的学术史缺乏了解，才未能准确表述这种宋代以后主要是垂直方向的、不同社会阶层和等级身份之间的升降变化。90年代以后，仅以《中国史研究动态》一个学刊为例，只要有国外宋史研究会议和新成果的综述，海姆斯一书总会被提到，足见其在国外学者中影响之大。另外，该书已在1986年由英国剑桥大学出版社正式出版，而国内学者对此关注者寥寥无几。因而，1999年底我把海姆斯题签本交给了还在江西师大历史系读四年级的吴薇，让她先译两章，因为她的英语无论是文字理解还是口语表达，都让人感到是一种禀赋所致，显得特别突出。到2000年下半年，她正式成为我指导的研究生，我遂将此作为一项任务布置给她。由于此前有近一年时间的翻译和熟悉原始材料，所以尽管正式出版的海姆斯著作与其博士论文相比有较大的充实和修改，她还是只用了不到一年时间完成了翻译，并对书中的一些附图也作了颇费心思的处理。另外，在此期间她已和海姆斯教授本人建立了E-mail联系，有些难点可以直接请教。2001年8月，我与吴薇同去广东梅州和潮汕地区考察，此前与在加拿大多伦多大学任教的宋怡明博士（Dr.

Michael Szonyi）联系，得知不久后海姆斯教授将去多伦多大学讲学，所以就把译稿带到广东，托宋怡明博士转交，使之终于可以与原作者见面并听取修改意见。作为这项翻译工作的副产品之一，吴薇还曾撰写《一个外国人眼中的宋代江西抚州地方社会——解读罗伯特·海姆斯〈政治家与绅士：两宋江西抚州地方精英〉》一文，给地方史硕士点的其他研究生阅读。2002 年 9 月，第二次来江西考察的英国学者何安娜博士又带来海姆斯教授的新著《正途与左道：宋代与近代中国的道教、地方宗教和神学模型》（*Way and Byway: Taoism, Local Religion, and Models of Divinity in Sung and Modern China*，加利福尼亚大学出版社，2002 年出版），这是关于绵延赣东数县的道教名山华盖山的研究。史载，"汉元帝时，王、郭二仙师事浮邱公，同于是山修道，白日上升"。到北宋熙宁八年（1075），敕赐名"华盖山"及"崇仙观"额。"三仙屡加封号，四方祈祷辐辏云集，诚寰宇之灵区，神仙之洞府也。"通过网络查寻，我们还看到海姆斯教授近年有《中国宗教中的人际关系与官僚等级：以宋代为例》（1996）、《醮：对仪式含意的思考》（1997）等论文发表，由此可以看出他在华盖山道教信仰及其他民间崇拜研究中的一些思路和视角。不久前，江西师大历史系地方史教研室的吴小红博士已开始了该书的翻译工作，她曾在南京大学历史系高荣盛教授指导下专攻元史，并早在 1997 年就已独立点校出版了

《华盖山志》。由她执译，应谓得人。

第二部应提到的书是英国人斯坦利·莱特（Stanley F. Wright）所写的《江西地方贸易与税收（1850—1920）》。1996年初夏，我应邀前往香港科技大学人文学部做访问学者，住在香港中文大学逸夫书院。有中大历史系研究生钟家华来谈研究课题，说到中大图书馆藏有此书，这是我第一次知道此书的信息，马上全文复印。我阅读后，大为该书的资料丰富、重要和我们的如此不知情而震惊。所以当时的第一冲动就是自己来完成这一翻译工作，并在此后的一年多时间里断断续续地进行，大致译完了序言、目录、插图名目、赣关税表以及第一章"贸易路线和运输方法"——当时我对第一章的兴趣最大，因为我已用了几年时间研究江西清代著名商埠吴城镇，亟须在江西山川河流与交通路线方面找到近代与明清时期的衔接关系及其变化。莱特详细记载了当时江西几条陆路的状况和穿梭于河湖港汊中各类船只的名称、吨位及构造，并拍摄了一批照片，弥足珍贵。但是后来两个原因迫使我暂时搁笔：一是对近代海关贸易和税收的整体背景不熟，而我又很难有时间对此系统补课，恐怕难免译出外行话；二是英文的阅读和理解还是有欠缺，译得慢，缺少一气呵成之势。所以我转而先收集莱特的个人情况及著述，参阅了中国早期翻译出版的莱特著作《中国关税沿革史》（1938年著，姚曾廙译，商务印书馆1963年7月出版）以及相关工具书，得知他以往只以"魏尔特"之名被介绍过，是英国人，1903年来华，供职于中国海关，历任帮办、副税务司、税务司等职，1938年去世。《江西地方贸易与税收（1850—1920）》一书于1920年在上海出版，但在有关莱特的中文介绍中，从来不被提及。1998年，我又通过香港的研究生，在网络上查到香港三所大学图书馆一共收藏了莱特编写的7部著述。另外，通过那段翻译工作我还有一项意外的收获，即得知1980年美国胡佛学会曾汇编了一套"近代中国经济"丛书（A Garland Series："The Modern Chinese Economy"，edited by Ramon H. Myers，Hover Institution），实际上是重印了四十多种晚清到20世纪40年代后期有关中国社会经济的英文著述及资料，《江西地方贸易与税收（1850—1920）》就是其中之一。2001年下半年，还在江西师范大学历史系读硕士的杨勇开始撰写题为《民国江西地方货币变迁与金融转型：1912—1937》的毕业论文，我向他推荐了莱特一书作为必读资料，并认为他是将其译为中文的最佳人选。杨勇慨然应允，并在复旦大学攻读博士的第一年给予了十分的投入。这样，才有了该书中译本的问世，并且作为"海外研究江西译丛"的第一部书奉献给读者。至此，我们也才比较有把握地说：莱特该书是至今所知英语世界以"江西"为一完整区域作系统研究的开山之作。

第三部书即美国堪萨斯大学历史系达第斯（John W.

Dardess，亦译作窦德士）教授所著的《明代社会：14—17世纪的江西泰和》（加利福尼亚大学出版社，1996 年出版）。对于达第斯的这一研究，我最早是在江西省社会科学院陈文华教授主编的《农业考古》上发现线索的。该刊 1995 年第 1 期上发表了由王波翻译的《一幅明朝景观：从文学看江西泰和县的居民点、土地使用和劳动力》，全文 2 万余字。译者先对达第斯作了简要介绍：1968 年美国哥伦比亚大学博士毕业，是著名的汉学家，有《儒教和专制主义：明朝基层的专业精英》等著述，一批研究成果被《剑桥中国明代史》所引用。然后继续介绍达第斯研究江西泰和县的著作，并译为《中国明朝的一个空间：14—17 世纪的江西泰和县》。在这篇译文中，达第斯关注的问题被表述如下："常用的结构使我设想把这篇论文分成三部分：（1）明初居民点的构成；（2）明初土地使用类型；（3）整个 16 世纪和 17 世纪亦即明后期和清初关于景观观念及其评价的变化。"或许正是因为该文有相当篇幅对土地类型、水利灌溉、苗圃园艺等进行详细描述，所以译者才将此文投给了在中国农史学界享有盛名的《农业考古》。但达第斯文中表述的问题意识很明显是社会和历史的，而不是纯农学和技术性的："16 世纪以后，人们（泰和县本地文人）在普通景观上的兴趣消失了，对于现实景观的热情已经转移到了微妙的人造景观上面。这个变革如何发生、怎样发展，是一个很有趣的问题，这个问题必须联系当时政治、社会和知识分子的发展来探讨。"

1996年6月，当时在美国俄勒冈大学历史系任教的包筠雅（Cynthia J. Brokaw）教授到江西金溪浒湾镇考察刻书遗址。次年，她又到江西省图书馆古籍保管部核实一批线装古籍的刻版情况。我皆为之作了一些前期安排，并进行了初步的交流讨论。1997年3至5月间，她分三次把上述海姆斯《政治家与绅士：两宋江西抚州地方精英》一书的复印本和达第斯《明代社会：14—17世纪的江西泰和》、柯文（Paul A. Cohen）《在中国发现历史——中国中心观在美国的兴起》二书的英文原著寄给我，这才使得了解和翻译海姆斯和达第斯二人的著作有了标准文本。在那以后，就像日益感到海姆斯对国际宋史学界影响很大一样，我也看到一些学术动态的译介反复提到达第斯此书，并进而知晓他曾担任过美国明史学会的会长。他对明史研究的整体认识，也许引述他在1997年"第49届美国亚洲研究协会暨美国明史学会年会"上所作的"明代社会史研究"报告最为明确："宋代社会史研究学者的一系列研究成果，已经使得宋代社会史有了一个完整的图象。而且现在对17世纪以后，明末清初转变时期的江南地区社会史，也有了一定概念。但是，对自宋以后到晚明之间的三百年，我们却只有模糊的了解。因此政治学家和军事战略学者首先利用丰富的史料提出必须揭示这个'黑洞'，认为17世纪以前的明朝比宋代和清王朝与近代

和当代中国有着更密切的相似之处。""明代社会史有大量
资料尚待发掘，对于明代 276 年历史中呈现出的各种问题，
如人口学、家族、家庭、地方社团、文士群体的形成、被范
德教授称作'明初的立法'在地方的影响、县级政府和社会
之间的相互关系、考试制度的社会作用，以及奴仆等，都应
该从社会史的丰富材料中寻找答案，重新思考研究。"① 由
此我们可知，为什么不能把达第斯对泰和县自然与人文景观
的关注只当作"地方史"来理解。另外还要提到的是，2001
年包筠雅教授又一次给江西师大区域社会研究资料中心寄来
一箱英文学术著作，按其出版时间先后，计有《中国社会
中的宗教和文化》（*Religion and Ritual in Chinese Society*，
edited by Arthur P. Wolf，1974）、《毛泽东和邓小平时代
的陈村》（*Chen Village Under Mao and Deng*，Anita Chan，
Richard Madsen，and Jonathan Unger，1984）、《北京的人
力车夫：1920 年代的市民与政治》（*Rickshaw Beijing: City
People and Politics in the 1920s*，David Strand，1989）、《汉
口：一个中国城市的冲突与社区（1796—1895）》（*Hankow:
Conflict and Community in a Chinese City，1796–1895*，
William T. Rowe，1989）、《叫魂：1768 年中国妖术大恐慌》

---

① 万明：《第 49 届美国亚洲研究协会暨美国明史学会年会综述》，载《中
国史研究动态》，1997（7）。

（*Soulstealers： The Chinese Sorcery Scare of 1768*，Philip A. Kuhn，1990）、《中国社会的婚姻与不平等》（*Marriage and Inequality in Chinese Society*，edited by Rubie S. Watson and Patricia Buckley Ebrey，1991）、《脚踏实地：华南的地缘》（*Down to Earth：The Territorial Bond in South China*，edited by David Faure and Helen F. Siu，1995）等。对此，我们除了感谢外，更能体会到她是通过这些书在表达一种"话语"和希望。1999年9月，她的《功过格——明清社会的道德秩序》一书被译为中文，由浙江人民出版社出版，使中国读者对她多年来的研究有了更直接的了解。我们自信与这位现在俄亥俄大学历史系任教的极为敬业的学者之间的交流，会长期保持下去。

第四部要提到的书是美国密歇根大学阿兰·斯威顿（Alan R. Sweeten，亦译作史维东）教授所著的《江西乡村的基督教：冲突与接纳，1860—1900》，但必须有一个长长的"前缀"以说明与作者的相识是怎样的一种机缘，并导致了对这部著作的翻译。而要叙述这一过程的发生，又必须先提到另一位来自英国的女学者何安娜（Anne T. Gerritsen）。2000年4月中旬，当时尚在哈佛大学东亚语言文化系攻读博士的何安娜女士，由复旦大学历史地理研究所的吴松弟教授介绍，来江西师大区域社会研究资料中心找我，想看一些地方资料，更希望能去吉泰盆地做些实地考察。

经过交谈，知道她的博士论文研究宋明时期吉安地方的宗教信仰，包括国家认可的神祇崇拜和各种民间信仰。此后，我与何安娜博士同去吉安地区一市二县跑了 6 天。吴薇担任翻译，并很快就和何安娜成了好朋友。此行先后到了一些古老的村落和市镇，去了南宋杨万里和明代周忱的家乡，还用了整整一天时间登上道教名山武功山，看了罕见的万亩高山草甸和峰顶上用石块垒成的"葛仙古坛"，留下极深的印象。何安娜还用她的语言向吉安地方官员和文博干部说明古代吉安地方文化是怎样的出色，并促请他们关注历史文化遗产的保护问题。她回到哈佛大学后，加紧完成博士论文，并于次年秋天寄来她的博士毕业论文《神与官：南宋、元、明时期江西吉安的宗教》（*Gods and Governors：Interpreting the Religious Realms in Ji'an [Jiangxi] during the Southern Song，Yuan and Ming Dynasties*，Harvard University，Cambridge，Massachusetts，June 2001 ）。另外，还在网络上将她在江西的见闻登载出来，并对江西师范大学区域社会研究资料中心的工作和学术追求给予了介绍和颇高评价。对于她的这一工作，我是在接到多位国外学者的 E-mail 后才知道的，而来信者中就有阿兰·斯威顿教授。他在自我介绍之后，提出一个非常学术性又是最基本的愿望：希望能够到江西来看一些有关基督教问题的档案资料。而我在当时又极为明确地知道要满足他的这一愿望是如何的不现实和遗憾，所以很快就给予回复，与阿兰教授交往的"第一回合"就此打住。

　　2001 年 12 月中旬，我去中山大学历史系参加"东亚贸易网络与地域社会"国际学术研讨会，遇到相识多年的澳大利亚昆士兰大学历史系黎志刚教授，他告知阿兰教授研究江西基督教的新著已经出版，并准确地写出了书名和时间。为此，我又在 2002 年 1 月给阿兰教授发去 E-mail，首次询问其著作的具体内容。下半年，已去英国伦敦华威大学历史系任教的何安娜博士将阿兰教授的著作寄来。而在此前，吴薇已经在收集资料，准备完成以明清天主教在江西的传播为题的硕士论文，因而又当仁不让地担当起此书的翻译工作，并且开始和他本人联系，希望能了解一些教会教案的档案资料的具体出处。阿兰教授给予了积极的回应，慨然授权翻译，并答应为中文译本写序。现在，中文译本已经完成，期望能在一个合适的时间获准出版。[①] 从学术的层面来说，他的研究为我们认识中国近代传教史提供了一种"解释"：宗教问题的确是导致 1860—1900 年这 40 年间地方冲突的原因之一；但他同时认为，如果江西乡村的天主教能很好地融入地方社会，那么基督徒们与非基督信仰的乡民和族人之间的紧张关系，就是由整个中国农村的普遍问题引起的，而不是由

---

① 　该书 2013 年 3 月由江苏人民出版社出版，书名为《中国乡村的基督教：1860—1900 年江西省的冲突和适应》。

该地区本身的问题所引起。另外，在该书著录的参考书目中，至少还可看到十余篇自 19 世纪末到 20 世纪 90 年代有关江西基督教的报道和论文，对于我们了解欧美世界对江西基督教问题的关注和研究进程颇有帮助。

从第五部书开始，要提到的不是一本书，而是一个系列，一个有关明清以来基督教文化影响江西社会的系列记述。确切地说，我对这个大问题的关注是在十余年乡村考察中逐渐产生的，而且这种关注才是决心翻译上述阿兰教授一书的认识基础。1992 年冬，我第一次去清代著名商镇吴城镇考察时，就住在吴城镇天主教堂旧址的对面，当天晚上一个乡镇干部蹲在一块刻着"天主堂"三个大字的石碑上，给我讲了一个俗称"三姨太"的老修女的故事。回校后，我查到了记载同治年间吴城教案的档案资料及民间散发的反洋教揭帖，吴城镇民众以万寿宫为指挥中心的反洋教活动，也成为我分析当地社会控制体系的线索之一。1998 年 11 月，我与一批研究中国民居的专家去乐平市看古戏台，在去洺口镇的路上看见多处新教堂，有的非常正规，而且就矗立在乡政府附近，足见基督教在当地的活动规模和影响。2001 年 7 月，我在广东饶平县所城镇考察，听到当地民众仍称入教为"吃教"，使我联想起曾在江西一些乡村里听到的相同说法，而在当时却未引起我的注意。由是我对基督教影响江西社会生活的关注与日俱增，并在梳理"近百年来外国人眼里的江西"这条线索时，将天主教传教士界定为最早向西方描述江西的外国人。因为唐宋以来的大庾岭通道纵贯江西，从明万历年间第一个进入中国内地的耶稣会士利玛窦开始，就在从澳门、广东北上的途中逗留江西数年之久，传教并与地方官绅交往，后来在南京等地发生"教难"时又退回江西隐匿。此后到清乾隆四十年（1775）耶稣会在中国遭禁解散之前，到过江西并有姓名事迹可考的耶稣会士就有近百位。其中有不少人在给教廷的报告中叙述了他们在江西的见闻，现在已见中文译本的有《利玛窦中国札记》、曾德昭《大中国志》等。还有康熙后期中国耶稣会传教区会长殷弘绪（即昂特雷科莱）的信件，他对在江西传教期间见到的景德镇制瓷技术作了详细记录，首次使欧洲了解到景瓷烧造的全过程，并因此被国外学者誉为西方系统研究中国瓷器的第一人。对此，我和吴薇分别有《明清在华耶稣会士面向西方描述的江西》《明清江西天主教的传播》二文予以论述［均发表于《江西师范大学学报（哲学社会科学版）》，2003 年第 1 期］，并注明了 1992 年以来江西吴孟雪、北京余三乐等学者的相关研究。此外，近见如英国立德夫人所著《穿蓝色长袍的国度》中译本（"西方视野里的中国形象"译丛，时事出版社，1998 年 1 月出版），其中一章详细记录了她 1899 年在九江、南昌演讲传教的场面，并记述了丰城县、建昌府、南丰县的教徒受洗情况，还留下了也许是现存最早一张南昌市内传教士住所的照片。如果还有传教士的活动经历及观察记录从侧面映照了 20 世纪初到 20 年代以后土地革命的局部进程，那就愈显珍贵了。

因此，至少已有三部传教士著述列入本"译丛"的出版计划。其中两部出自一对具有传奇色彩的传教士夫妇，即1932 年在上海出版的由莉莲·斯诺顿·鲍斯菲尔德用英文撰写的《寻乌的故事》（Sun-Wu Stories, Mrs Lillie Snowden Bousfield, illustrated. Shanghai, Kelly and Walsh, Limited, 1932）以及雪莱·鲍斯菲尔德牧师于 20 世纪 50 年代出版的《发生在中国的故事》（It Happened in China）。雪莱·鲍斯菲尔德是英国人，7 岁学习拉丁文，11 岁学习希腊文，后就读于剑桥大学神学院。大学毕业后，年轻的鲍斯菲尔德成为伦敦最大的主教会中三个著名的牧师之一。他为了响应到中国传教的号召，成为基督教浸礼会会员，加入了英国浸礼会外国布道协会。到中国后，认识了来自纽约的莉莲·斯诺顿，并结为夫妻，她是芝加哥传教训练学校的毕业生。后来，雪莱·鲍斯菲尔德也成为美国公民，并获得长假而就读于哈佛医药学校，取得医学博士学位。鲍斯菲尔德夫妇在中国经历了 1900 年义和团起义，大概在 1911—1912 年间来江西寻乌县传教并建立医院，后来又经历了红军与国民党军队的战争，在战火中他的医院被烧毁。毛泽东 1930 年 5 月率领红四军进驻寻乌县城后，就住在鲍斯菲尔德夫妇原来的居室里，离教会医院只有数十步之遥。毛泽东在其《寻乌调查》中多次提到"过去县城有一个美国牧师",就是指鲍斯菲尔德牧师。20世纪30年代后期,鲍斯菲尔德仍留在中国,开展麻风病患者的救治工作。据前述美国学者汤若杰介绍,鲍斯菲尔德牧师本人的著作是50年代自费出版的,只在英语世界流传,直到70年代才由美国肯塔基州阿士林经济出版社再版。第三部是《变化之中国》(*Changing China*)一书,作者弗雷德里克·威廉·詹姆士(Frederick William James),英国人,20世纪30年代在江西铜鼓、高安、永修等县传教,并多次到庐山的牯岭避暑。该书共分三大部分,十六章,其中第一部分"共产主义低潮"共有五章,主要记述国共两党斗争时期江西的情况和他最初的传教经历。第二部分的第八章,详细讲述了蒋介石发起的"新生活运动"及其影响。第三部分"日军入侵"共六章,主要记述抗日战争时期江西的状况和沦陷过程,以及被困牯岭的外国人如何生活和撤退,以一个西方传教士的亲身经历反映了日军的侵华战争。该书也是由江西师大历史系研究生刘慧完成翻译,而原版本的获得还要感谢何安娜博士,是她在网上发现有人求售此书,并将其购买下来寄给江西师大区域社会研究资料中心。

完全借助互联网与我建立联系的学者,是在纽约州立大学普拉茨堡学院(State University of New York in Plattsburgh)历史系任教的杰夫·霍尼布鲁克博士(Dr. Jeff Hornibrook)。

他先是在 2001 年 4 月发信给北京的中国教育和科研计算机网，自我介绍正在做萍乡煤矿的研究，希望能够到南昌看资料和去萍乡煤矿实地考察，但不知道有哪个大学或机构可以提供这些资料和帮助，于是中国教育和科研计算机网的工作人员又给我发 E-mail。在以后的通信中，得知他是 1996 年在美国明尼苏达大学获得博士学位，博士论文题为《机械化煤矿与地方政治冲突：以 19 至 20 世纪江西萍乡县为例》。以后相继有《萍乡县的绅士和平民抗议》（"Gentry and Commoner Protest in Pingxiang County，" 1996）、《萍乡城市与安源：都市的设计与权力的转让》（"Pingxiang City and Anyuan：Urban Design and the Conveyance of Authority，" 1997）、《双城记：一个煤矿区的国家化与阶级冲突》（"A Tale of Two Cities：Nationalism and Class Conflict in a Coal Mining Community，" 2000）等会议论文，并发表《中国的地方绅士和现代化矿业：以江西萍乡县文氏家族为例》（"Local Elites and Modernized Mining in China：The Case of the Wen Lineage in Pingxiang County，Jiangxi，" in *Modern China*，April 2001）、《一个矿区的文化整合与空间组织：以中国安源为例》（"Cultural Integration and Spatial Organization in a Mining Community：The Case of Anyuan China，" in *The Journal of Urban History*，2001）等文。霍尼布鲁克博士还说他正在利用盛宣怀档案资料及相关回忆录，研究安源煤矿的管理者们。他期望通过对安源煤矿几个早期管理者的背景和管理风格的研究，来明确吴承明和其他学者所说的"资本主义萌芽"是基于生产的社会关系之改变。因而，霍尼布鲁克博士特别关注机械化煤矿的创办者张赞宸其人，看他如何思考现代煤矿和现代经济问题，以及他如何在卢洪昶的支持和萍乡县强大的文氏家族一定程度的支持下，对煤矿加以管理。很快，霍尼布鲁克博士又寄来了他的研究论文复印件，并在此后的一年多时间里两次告知可能来江西，但终因教学时间安排的问题而未能成行。然而这种联络和交流的一个必然结果，是使我们了解到美国有一个萍乡煤矿发展史研究者的存在及其基本观点——至少我们在同人中间，还没有发现有人在系统地进行这项研究工作。

最后要提到的，是在法国巴黎高等研究实践学院任教的劳格文（John Lagerwey）教授——不是因为他的著作被译为中文，而是因为他多年以来都在华南数省区内考察，以及对这些地方的文化人所作的训练和影响。劳格文 1946 年出生于美国，1975 年获得哈佛大学中国文学博士学位，太太是法国人，家住巴黎，所以有很长时间在法国做道教研究。1986 年在中国台湾做访问学者，20 世纪 90 年代先后在香港中文大学人类学系、宗教系、中国文化研究所访问和任教。法国著名女学者索安（Anna Seidel）在其长篇研究报告《西方道教研究编年史（1950—1990）》（"世界汉学论丛"本，中华书局，2002 年 11 月出版）中，共著录了劳格文研究中国道教的著述 9 种，其处女作发表于 1981 年，名为《无上秘要——六世纪的道教大全》。索安还评述劳格文"完整地收集了台湾北部的科仪抄本"，可知他对中国道教研究的贡献和深厚功底。从 20 世纪 90 年代中期开始，劳格文主持的大规模的基金资助项目"中国农业社会的结构与原动力"研究以及后续的"中国东南的宗教、建筑与经济"研究等，分别在闽西、粤北及赣南地区展开，因而其研究成果以"客家传统社会丛书"的形式先后出版。对于劳格文这一研究工作的意义，北京师范大学的董晓萍教授有一篇颇为大气的文章予以评价，将其视为"新出的中国民族志丛书"，并与之讨论"中国民间资源观的二重性"问题。[①] 而在此前后，劳格文指导赣南地区一批文化工作者完成的成果至少有四种：《赣南地区的庙会与宗族》（罗勇、劳格文主编，1997 年 3 月出版）、《赣南庙会与民俗》（罗勇、林晓平主编，1998 年 12 月出版）、《赣南宗族社会与道教文化研究》（刘劲峰著，2000 年 1 月出版）、《宁都县的宗族、庙会与经济》（刘劲峰主编，2002 年 10 月出版）。对此，我曾在 2001 年撰

---

① 参见董晓萍：《中国民间资源观的二重性——评三种新出的中国民族志丛书》，载《中央民族大学学报（哲学社会科学版）》，2000（1）。

文予以评述。①我本人与劳格文的相识不是在江西，而是在福建。那是 1999 年 10 月中旬，我应邀去福建莆田麟山宫观看道士和三一教徒做道场。乡民们像过盛大节日一样搭喜棚，送礼盒，演莆仙戏和吊线木偶等，整整三天。前来考察的一批外国学者中就有劳格文。2000 年 10 月和 2001 年 10 月，劳格文两次到南昌，我们共商合作研究的可行性，并先后去宜春慈化镇和樟树市等地考察。前者是宋代南禅临济宗普庵禅师的原籍，也是元末白莲教起义领袖彭莹玉（彭和尚）的老家，在那里非常幸运地发现一部普庵教的珍贵科仪书；而后者则有号称道教"第三十三福地"的阁皂山以及著名的商代吴城遗址。记得是去看筑卫城遗址的路上，汽车底部的油管被乱石擦破，劳格文和我趴在地上，用了 27 个矿泉水瓶接住漏下的汽油，才得以在天黑之前从旷野回到县城，颇有几分"历险"的感觉。在长时间的交谈中，我一面了解他如何筹划各地文化人的调查项目及写作计划，一面交流对中国传统社会一些最根本问题的理解。如他认为中国传统社会除了儒、佛、道三教之外，还有第四种教是"巫教"。如他评价道士是"地方社会中最了解社会网络的人"，与老百姓的关系最密切。如他对比中国传统社会和现代社会人们追求

① 参见梁洪生：《将更开阔的视野投向章贡大地——赣南的地方历史研究及其面临的挑战》，载《南方文物》，2001（4）。

之不同：过去讲人生智慧（伦理），现在讲知识（技术）；过去讲求美丽，现在讲求效率；过去是个礼物、人情的社会，现在则是买卖、法制的社会。如他强调中国传统文化实际上是官方文化与民间文化并存的"双行道"，等等，都是在比以往中国通史体系更深刻的层面来解读中国传统社会。近年，劳格文教授把他在江西的考察活动往北扩展到吉泰盆地和九江地区，正在组织一批肯写、能写的地方文化人进行田野调查，开小规模的调查会，然后一人一个题目写成专篇，其关注的重心始终是三个：传统经济、村落和宗族、民俗文化。相信在不久的将来，可以看到一批关于这些县市的著述问世。而在这一过程中，各地文化工作者在视角、情感、技术等方面得到的改变和提升，绝不是大学课堂教学可以实现的。

（四）

时至今日，这套译丛的组织翻译工作已近三年。其间，在众多的程序和细节上遇到的"问题"是始料不及的，互联网既带来了联系和资讯获取上的便捷，却也平添了很多工作量，并且要为缓解日益增加的"信息焦虑"而耗费更多的心力与时间，这是"苦"的一面。然而"甘"呢？则在于眼界的开阔，在于神秘感的逐渐消失，以及经常可以在不同国度的学者身上看到共同的追求、相似的希冀，以及因人而异的、汇合了多种因素的工作动机等，从而不时发出"世界真小"的感叹。当然，也听到不止一位朋友在对这项工作的热情表示赞赏之外，还表达了对"译作"的保留意见：毕竟不如读者自己去看外文原著那样，获得最直接、最原汁原味的理解和感觉。的确如此。但是，如果我们认识不到翻译本身也是一种"再创作"，而且深深地反映了译者的历史观点、知识背景和社会阅历，那么我们就不可能把这项工作主要寄望于历史系的一批研究生而不是外语系的师生来进行。并且，我们仅就身边所见的情况即可确知：可以用英文阅读的人毕竟还不多，可以阅读英文史学著作的人就更少。既如此，译作就不仅会有读者，而且在一个不短的时间内还是不可或缺的。正届知天命之年的我，如果再用十年之力关注此事，大约还不会过时。

现在，很高兴地看到两个现象已经出现：第一个现象是在外省高校攻读博士的江西籍学子，只要发现有研究江西历史的外文著作，都会设法告知或提供给我们。除了前面提到的杨勇博士外，曾在中国人民大学清史研究所的谢宏维博士也是如此，他在北京大学图书馆看到罗威廉《中华帝国晚期的政治理论：陈宏谋在江西》（William T. Rowe，"Ancestral Rites and Political Authority in Late Imperial China：Chen Hongmou in Jiangxi，"in *Modern China*，Vol.24，No.4，1998）一文，立即复印寄来。另外，早几年毕业于中山大学历史系的黄志繁博士，在研究宋代以来赣南地方动乱和社会变迁的过程中，系统地收集了日本学者如森正夫、草野靖、今凑良信、甘利弘树等人的相关著述，复印后赠送给我们。黄博士此举还有一个意义应当强调，那就是江西学者历来比较漠视日本学界丰厚研究成果的状况开始有所改变。第二个现象是江西有些高校的学刊已开始登载国外学者研究江西社会生活史的译文，如1999年12月出版的南昌大学《赣文化研究》第6期上，即有美国学者郝康迪（Kandice Hauf）《十六世纪江西吉安府的乡约》一文，译者为南开大学历史系余新忠教授。我们前几年已得知郝康迪在耶鲁大学所作的博士论文题为《江右帮：中国十六世纪的文化与社会》（1987），现在通过译文可以看到她对明代江西社会文化的一些研究。如果将这两个现象综合起来，我们或许不只看到一种有心者不断加入、众手擎柴的情景，而且更体会到学术发展是一种渐进的积累，绝非一蹴而就。人的培养和一支生生不息的学术队伍的建立，这个过程才是最重要和最有意义的。因而，如果有人问及对这套译丛的理想预期，也许是在十年、二十年或更长的一个时间之后，年轻一代或再年轻一代的江西学者在整体上融入了国际学术界的主流，著述开始有了世界眼光，到那时，人们会拿着它说："看，当时是那个样子，我们已经超过了他们！"

（2004年12月26日）

152

◎ 从一位长者想到另一位长者 *

　　蒋彝先生的《儿时琐忆》中译本终于出版了！一位阔别江西故土七十余年，现在即便在其家乡也极少有人知晓的长者，向人们讲述了他的童年世界和故事，细腻地描绘了那个时代的生活场景和社会情态，而且图文并茂，栩栩如生，大人可读，小孩能看，雅俗共赏。在江西这些年来的出版物中，《儿时琐忆》无疑是精品一件，值得由衷地赞许。

　　蒋健兰老师在序言中，追忆了她父亲蒋彝先生的一生。记得我去年问她这篇写于十年以前的长文是否还要修改时，她说如果不是编辑有什么特别要求的话，那就保持原貌。我

＊　本文为蒋彝《儿时琐忆》（宋景超、宋卉之译，南昌，百花洲文艺出版社，2005）"代后记"。

想她这话的一个潜台词是想说明，她对蒋彝先生的追忆和评价在十年以前就已经"定格"，现在只是把中断了十年的一个进程接续起来。那年她刚届花甲，而今则已年逾古稀。一个人的十年就这样转瞬即逝，世上竟有这么多要做应做的事情一搁置就是十年、二十年甚至更长，真如一句诗作的比喻，"弹指一挥间"，令人不胜感叹！

话又说回来，蒋彝先生的身后事还是相当顺利和幸运的：他于粉碎"四人帮"一年以后病逝于北京，追悼会是在八宝山举行的，讣告登载于《人民日报》和美国《纽约时报》；1982年中国美术家协会在中国美术馆举办了他的遗作展，遗作展后来还移至江西南昌和九江，以纪念其逝世五周年；1983年9月，《蒋彝诗集》由友谊出版公司出版，收集其诗、词近三百首，由著名学者吴世昌和中国人民对外友好协会副会长侯桐二人作序；1985年，他于30年代写成的《中国书法》一书被译成中文，由上海书画出版社出版；1992年，九江市政协出版了《九江文史资料选辑·海外赤子蒋彝》专辑，封面由叶君健题写书名，华君武配以"蒋彝博士漫像"，其中撰文者多为国内书画界和从事汉学研究之名流；最近的一次，则是2004年9月6日，由充满人文情怀和血性的江西籍著名作家胡平先生，在其主持的报刊专栏《江南都市报》"江铃都市新观察"上，以蒋健兰老师的回忆为基础，撰成《神州记得哑夫无？》一文，以整版篇幅将近年渐被淡忘的蒋彝先生推介给广大读者。如果说"蒋彝先生"已是一份历史遗产，那么这份遗产既是属于中国的，也是属于世界的，更是属于江西的——他年轻时以一身正气为人为事，中年以后客居海外而成名成家，晚年回国，叶落归根，最后葬于江西庐山，几乎是用其一生构成和证实了这三个"属于"。讲江西人的"文章气节"，讲江西人的性情与才艺，讲江西文化资源的源远流长，如果离开蒋彝先生这样一批具体的人物及其鲜活的事例，岂不就成了一句空话或标语口号？当我们面对"蒋彝先生"时，能否敏锐地感受到他的厚重？能否发自内心地为之感动？如今，世人好说"文化"，以至于"文化"越来越像一个大皮囊，什么都可以往里装，什么说不清道不明搞不懂的东西，都可以贴上个"文化"标签，最省事，最快捷，而且还最容易让人觉得说这话的人最"有文化"。但真正做来，才会体会到"文化"真是件苦事，它是由一个个活生生的人物，一件件历尽艰辛、耗费心智、充满苦涩甚至血泪的事件，一段段以时间和生命消磨为代价的过程汇集而成的。真要做"文化"，非要从一个个人物、一件件实事做起。也是因为出版这部《儿时琐忆》中译本，我们不能不想到另一位长者，那就是资助其出版的詹益邦先生。

詹益邦先生与江西、江西文化之间的因缘关系，初始似乎起于偶然。他第一次来江西是 1999 年 7 月，那是由一批后来被称为"华南研究"的学者组织、由江西史学界同人具体操办的一次大规模田野考察，从江西南端的大庾岭翻山进入，最终到北端的庐山和白鹿洞结束，纵贯全境，前后七天。参加人员近40人，包括七八个国家和地区的学者和研究生，詹先生就是此行中香港地区的参加者之一。他和我的第一次交谈，是在这次考察的返程中，在我没有任何思想准备的情况下，提出想出资修复永修县吴城镇的吉安会馆遗址——那是我已经连续考察了八年的一个清代商镇，大多数地面建筑在日军进攻时被炸毁，但吉安会馆幸存了比较完整的外墙、门檐和碑刻，弥足珍贵。有人愿意出钱修复，不能不说是求之不得的大好事。但我在考虑多时后，只敢答应在找到能办实事、可以信赖的地方干部之后，再让他把经费直接转过去——因为在此地考察多年，我对是否可以找到这样的可托之人缺乏信心。结果是几年过去，我最终还是没有让詹先生实现他的心愿。但我由此而开始对他有所了解，而且对我造成心灵的震动，那就是：在我比较熟悉的专业领域和可以进行联系和推介的事务方面，我第一次遇见一个不要任何回报，不求树碑立传，只愿出资并且费心费力做保护文化具体事情的活生生的人。此后，我对各地文化人的作为也更加留意，终于在赣南的文博系统找到一支有能力、会做事、讲信用的队伍，让詹先生的心力和资财可以托付，让他尽力保护文化遗迹的愿望得以实现，同时也让他在江西看到敬业、努力和诚信，并且交了一批朋友。此后，他在江西进行系列考察的历程如下：2000年4月，去赣县田村和白鹭村；2001年4月，考察吉安市钓源村和赣州市郊古村，随后又去了龙南县的关西围屋——此行途中，还有过上千辆汽车被堵三小时的经历，令詹先生大开眼界之后又有颇多不解和感慨；同年10月，去抚州市、金溪县、贵溪龙虎山、铅山河口镇、婺源县及景德镇等地，最后还参观了浮梁县的古县衙；2003年9月，去了吉安渼陂村，又去安福县看大智彭氏家族摩崖石刻——赣州市博物馆曾派出一批专业人员协助当地做了每一块石刻的拓片，而由詹先生担负了全部费用。此行的后半段，则经永新、过三湾、翻黄洋界到井冈山，葱翠连绵的竹海，给他留下极好印象。2002年7月，詹先生夫妇还曾邀请我和赣州市的韩振飞馆长飞赴云南，先后考察了昆明、大理、丽江、剑川等地，而此行的目的之一，是詹先生要我们对剑川沙溪镇的一栋古建筑作评估，当时他准备一次性出资40万元，为当地文化部门收购这座古建筑。另外还不可忘怀的是：詹先生多年资助了江西师大区域社会研究资料中心的建设，还资助过我的一名研究生两次去澳门参加国际学术会议。

在几年之后的今天作这样一个回顾，才会意识到从相识到相交到相知到成为忘年之交，曾经和詹先生一起面对一件又一件具体的事情，有过一次又一次的抵足交谈和商议，而且共同面对一个主体和亟愿承担同一个使命，那就是在当今建设速度空前之快，摧毁意识极强、动作极猛，具体表现中国文化和老百姓生存智慧的空间实体日见消亡的时刻，尽可能多一点地保留一些原始实物和整体场景，让有历史记载和无历史记载的个人、家庭和家族都有一个可依托、可证实的空间，在物我之间更多地留下一些由时间铸成的美丽、韵味和个性；或由此而使今人的心智更为丰富一些，学会把"历史"理解成可见可摸、能想能及的生活过程和具体问题。譬如知道"爷爷的爷爷"应该怎样称呼；看到中医、中药尽管见效较慢，但在保障中国民众的生命延续和抗病治病方面功劳巨大；意识到"唐""宋""明""清"每个朝代都存在了两百年以上，要好些代人的"一辈子"才能过完，尽管远没有今天人们的信息快捷和交通便利，但却有其独特的闲适、惬意和田园情趣，而决不能只以"日出而作，日落而息""封闭落后"一言蔽之。进而反思今人生活高效之后的促迫，简单之后的冷峻，物质丰富之后的多种匮乏。我想这不是单向的回顾，不是消极的念旧，这是许多人心中的隐约感受，是人类愈到成熟之时愈加挥之不去的梦之所萦、魂之所牵。此外，这些年来詹先生和其他一批港台地区的热心人士还出资去云南改造过山村的饮水条件，去广西建小学以解决外地民工子女的上学问题。今年7月我见到刚从贵州返回的他，他在那里的一些贫困乡村奔走多日，一一落实沼气池的打造之事。这又使我想起我们在赣县田村考察的时候，他两次提到是否可以由他出一些钱，在当地雇请一两个村民，专门负责清扫全村道路上的垃圾和秽物。他的疑问之一是：村前空地那么大，人人必经，却是大坑套着小坑，尘土飞扬，极其难走，各种车辆宁可小心翼翼，左弯右绕，为什么没有人出来把它做一番平整，让它干净而且人人方便？我想这些细节和事实可以说明他的好心和善举背后，有一个本质的关注，那就是通过"物"而关注"人"——从古人到今人。想一想，这种关注并没有什么难以理解之处 有什么东西比"人"更重要，比"人"的生活质量更需要关注呢？！问题的差异则在于：为什么有的人会对此耿耿于怀，有的人则身处其中而毫无感觉，视而不见？这些亲历亲见之事，也促使我跳出江西，跨越本土，从"人类文明"这样一个层面来观察、理解和接受詹先生的那些对许多国人来说似乎是"天方夜谭"的行为举止，并由此而对"文化"有更具体而难免沉重的理解。

詹先生与蒋彝先生及《儿时琐忆》之间的因缘关系，似乎也起于偶然。记得是在 2001 年 10 月住在婺源的那个夜晚，他对我谈起他在一次游历中曾经巧遇蒋老先生，巧到在公共汽车上两人并排坐在一起，聊得很高兴。关于蒋老先生，詹先生后来记得两点：一是在海外的画家，曾经用英文出过不少书；二是江西人，所以问我是否知道。我说我家里有《九江文史资料选辑》的蒋彝纪念专辑，后来还带给他看了。近年来，因为我开始汇编一套"海外研究江西译丛"，英语世界以江西为研究对象的书籍皆在关注之列，我因此而与蒋健兰老师联系上，才得知《儿时琐忆》译成中文多年而未能出版。由于体例和风格有所不同，《儿时琐忆》最终未能收入"海外研究江西译丛"，但其中的文图史料足以填补江西近代社会风俗史研究的空缺——江西至今还没有见过一部像《点石斋画报》那样的描述近代江西时事风俗的画报，当然也更没有吴友如那样的主笔画家及为其作画的一支画家队伍。余秋雨曾说，从《点石斋画报》中可以看到一双交糅着民族道义、革新欲望和陈旧意识的兴奋而又慌张的眼睛；它的出版，能为研究上海近代文化的起源和中国近代文明的嬗变"增加一份感情材料"。那么，我们在看过《儿时琐忆》之后，说它是清末民初"九江的眼睛"或是"一瞥"，是毫不过分的。看了让人晓得过去是什么样子，前人怎样生活，对地方社会生活和民情风俗加深了解，增加几分眷恋，当然是一份珍贵的"感情材料"。詹先生慨然资助了该书的出版，使这只"眼睛"亮了起来，让这份"感情材料"来到大家的手中。这中间，依然是由"偶然"到"必然"，原因即如上所述：真正的做"文化"、爱"文化"者，必定满眼是事，处处留心，义不容辞，尽力而为。

《儿时琐忆》出版了，是好事。但我们江西人是否会感到一种必须"接力"的责任呢？——还有一批清末民初以来地方人士的文集或从未刊刻的稿本，是否可以在江西本土资源的支持下陆续整理出版呢？1989年10月，江西省志办公室出版了《江西近现代人物传稿》第一辑，附录了一份"《江西近现代人物传稿》入传人物参考名单"，一共有 420 人。虽然还有遗漏，但代表了尽力关注近代以来江西人物的意愿和规划，而且不以其政见和成败来决定弃取。五年以后，江西省古籍整理办公室主任胡迎建先生写成《近代江西诗话》一书，自黄爵滋之后到 1949 年以前，共收录 170 余人，皆有诗作存世，实可视为研究近代江西的一本重要索引。20世纪 90 年代逐渐修成出版的江西各县市新方志中，又对当地近代以来的著名人物多有辑录和作传，凡有著述的都有交代。上述种种，都为系统地整理出版近代江西人物文集甚至是全集做了奠基性的工作，难能可贵，并且应当激励江西上上下下把这份历史遗产保护好，传下去。近年来，江西文艺出版社的张国功先生对此下了很深的功夫，而且因为熟知国内出版动态而慧眼独具，踌躇满志地策划一套以近代以来江西籍文化名人为主要对象的"江西人文寻踪书系"。这不仅仅是一批书的问题，而是可以以书知人、以书说事，使我们对江西的昨天有更深刻的认识和客观全面的把握。依我个人浅见，眼下对江西历史文化的研究（或说是"定性"更为准确），存在着一种先入为主的矛盾和反差：说宋、明，必言"人杰地灵""八大家"，神采飞扬；论近代，只以"衰败"一言蔽之，自惭形秽。实际上，举目一望，江西任何一个传统的"府""州"都有一条或几条大河形成其传统的运输路线，大多数"府""州"都有与周边省份做边界贸易和过境贩运的长久历史。鸦片战争以后，由于外部世界和市场体系的变化，作为内陆省份之一的江西的确难免不得不衰的命运——其实这是中国大多数地区共同命运的缩影而已。但就具体"府""州""县"来说，却不能一概而论，有衰也有不衰，有的地方在某些时候反而获得了前所未有的发展机遇。另外，"衰"也是促变的激素之一，"衰"就是"变"，特别是还有些沁入江西人骨髓之中的东西，是"衰"而"不变"，是大环境"衰"而个体"不变"。细读这些文集，近看个人和各种社会组织的活动和努力，就总能使人自问我们的见解是否被一些定论所抑制和掉入了"陷阱"，也可以警惕自己是否一开始就失去了深入研究的耐心和重新解读的自信。

（2005 年 7 月 4 日初稿，9 月 1 日定稿于
江西师范大学区域社会研究资料中心）

◎ 让地域历史文化与世界对话 *

　　泰和县一个四百多年前建得精致，后又毁得荡然无存的园林，近代以来又慢慢被重新提起，近年更是一步步走入地方社会，这在江西甚至在中国，也是不多见的。《春浮园——晚明江南第一园》（以下称本书）一书的印行，堪称集萃，将进一步引发世人对这个园林的关注。这个历程值得回顾，因为它的意义很不一般，梳理清楚了，会有利于春浮园的复建，以及它的历史文化定位。近 20 年来，恰巧我有缘关注此事，还有一些底气，借此机会谈谈认识和展望。

　　2004 年时，我策划在江西教育出版社出版一套"海外研究江西译丛"，雄心勃勃地组织了一批译稿。12 月，出

---

* 本文为萧用珩等编著《春浮园——晚明江南第一园》（待出版）书序。

版了第一部却也因为各种原因竟成绝响的《江西地方贸易与税收（1850—1920）》，开篇"总序"是我写的，取名"江西遭遇世界"，26000余字，大致梳理了20世纪80年代以来我在教研和访学中收集到的海外研究信息。在还没有互联网、还未使用电脑的时期，这些信息的收集还是很费心力和时间的，敝帚自珍，并希望与读书人分享。其中我介绍的70年代以来英语世界研究江西的第三部史学专著，即美国堪萨斯大学历史系达第斯教授所著的《明代社会：14—17世纪的江西泰和》（加利福尼亚大学出版社，1996年出版），我最早是在江西省社会科学院陈文华教授主编的《农业考古》上发现线索的。该刊1995年第1期上发表了由王波翻译的《一幅明朝景观：从文学看江西泰和县的居民点、土地使用和劳动力》，全文2万余字。译者先对达第斯作了简要介绍：1968年美国哥伦比亚大学博士毕业，是著名的汉学家，有《儒教和专制主义：明朝基层的专业精英》等著述，一批研究成果被《剑桥中国明代史》所引用。然后译者继续介绍达第斯研究江西泰和县的著作，并译为《中国明朝的一个空间：14—17世纪的江西泰和县》。在这篇译文中，达第斯关注的问题被表述如下："常用的结构使我设想把这篇论文分成三部分：（1）明初居民点的构成；（2）明初土地使用类型；（3）整个16世纪和17世纪亦即明后期和清初关于景观观念及其评价的变化。"或许正是因为该文有相当篇幅对土地类型、水利灌溉、苗圃园艺等进行详细描述，所以译者才将此文投给了在中国农史学界享有盛名的《农业考古》。但达第斯文中表述的问题意识很明显是社会和历史的，而不是纯农学和技术性的："16世纪以后，人们（泰和县本地文人）在普通景观上的兴趣消失了，对于现实景观的热情已经转移到了微妙的人造景观上面。这个变革如何发生、怎样发展，是一个很有趣的问题，这个问题必须联系当时政治、社会和知识分子的发展来探讨。"不难看出，其中所谓"景观""苗圃园艺"等，都是围绕着明代泰和的春浮园来说的。

不无巧合的是，2005年3月底，我应邀在美国芝加哥举行的亚洲研究协会（AAS）第57届年会上，报告我的研究论文《"私业"与"官河"之辨——对新发现的鄱阳湖区渔户历史文书的解读》，竟在会场上与素未谋面的达第斯教授不期而遇——他担任我的报告的评议人，哈佛大学的包弼德（Peter K. Bol）教授则是这场报告的主持人。报告后我通过翻译回答了达第斯提出的两个问题，会后还合影留念。我相信会议举办方请他来点评我的文章，是因为他对江西多有研究。由于议程安排得紧凑，散场后彼此又分别去听取其他报告，所以没有再就江西问题做进一步交流。此后我听说达第斯教授已经退休，再也没有机会和他联系。

不久前，我看见叶骏先生的三篇文字涉及达第斯教授，并且有不少新信息。第一篇介绍了达第斯及其学术成就，强调他是西方最早研究春浮园历史的学者之一。第二篇应是翻译达第斯著作中有关春浮园的全部内容，题为《明朝山水景观新潮流的突出成就：春浮园》。第三篇是《与达第斯教授的对话》，记录了作者与达第斯的 E-mail 交流，带给读者的新鲜感最强。文中有达第斯自述的学术历程，以及他对泰和县和春浮园关注的经过，末了他说道："（刘崧、杨士奇、王直、尹直、欧阳德、罗钦顺、胡直等泰和籍明代人物）所提供的丰富资料涵盖了整个明代，但如何处理这一切对我来说是个大问题。我花了 13 年的时间才彻底弄明白。要知道，我必须学习如何处理行政区划、土地利用、景观审美、城市管理、家族和宗族组织、人口、教育、明代官员的选拔、文化差异，等等。我很高兴能使泰和从历史的尘封中走出，并些许点亮它真正辉煌的过去。我很遗憾不能到中国目睹泰和并看看我写的那些人的后代。但是今天的泰和人，应该为他们的遗产感到骄傲，决不能忽视这一切，而应以远超过我所做的努力去好好研究他们的历史。"

我相信没有细读过达第斯原著的人，很难把握他对明代国家和泰和地方研究达到的深度，但至少可从以上的讲述中明白，他是把明代的泰和县当作明代中国来研究的，也是把一些泰和籍人士当作明朝人来看待的。换言之，就是他要跳出泰和看泰和，通过泰和看中国。我知道要真正做到这一点很难，需要眼里有大史观，胸中有大格局，对一个王朝历史有整体把握，才能看得比较通透，才能在学术著作中做好不同历史场景的合理转换。达第斯曾任美国明史学会的会长，这也可证明他在学界得到的承认和尊重。从这位年过八旬的学界前辈的回信中，我们还可看出他的谦虚治学态度和不懈的探寻精神。

大约从 21 世纪初开始，我持续关注"明代人如何变成清代人"这个时代之变的问题，并指导研究生系统研究明末清初的一批江西人物。我在指导和审读论文过程中，也因为与历史文献的贴近而产生了一些不解与困惑。故而首先想通过族谱和其他地方文献，解决当年建成春浮园的两个前提问题：其一，春浮园所占的那一大片土地是怎么来的（属于萧氏叔侄还是萧氏家族）？其二，萧氏叔侄修园子究竟花了多少钱？这些钱是从哪里来的？不料因为疫情突发，完全打乱了预定的计划，几个月的校园禁足，使得必不可少的田野调查无法实施，甚至最后的论文答辩都是通过"钉钉"隔省喊话，所以问题并没能得到解答，在当地同人的文字中也没看见明确的说明。这些年来我在江西跑了数百个"好看的"名镇名村，同时尽可能查找旧修谱牒寻记记载。通过诸多可见的"文""景"比对，我对一些靠文学色彩很浓的"记"构建起来的乡土历史景观，慢慢多了一些怀疑，越来越对传统时代乡村人群的动土能力持谨慎的估计。因此我在没有看到确切说明和必要的数字证明之前，总怀疑在春浮园的建设背后，还有一些我们不知道或是忽略了的商业资本存在。我也知道达第斯教授当年研究的主要兴趣不在于园子本身，因而不应苛求，但是因为我们靠近泰和，可以实地考察甚至寻找故地加以比对，所以还是应该先搞清楚一些前提性的条件。对于古人的文字描述和情景渲染，要做进一步的斟酌和考量，包括算一算经济账在内，恐怕都是必要的。

我在细读春浮园相关文献后，还感到应注意甄别前人记述的事情是发生在明末还是在清初。我觉得这是有很大不同的两类文字——明末到过春浮园并有确切记载的名人，恐怕主要是钱谦益和郑鄤，还有一个同是泰和籍官宦后代的知音杨嘉祚（号寨云）。其余有游记和唱和诗文的，几乎全是清初甚至到了吴三桂兵乱（即当时文人每每提及的"甲寅之乱""甲寅兵乱"或"甲寅东南变起"）之后，哪怕只隔了几年十几年，却是经历了一场"天崩地坼"的巨变：一个统治二百多年的汉族王朝垮台了，一帮骑马来的外族人坐了天下。此时再来看园子的人，是怀旧？是避难？是遗民们抱团取暖？其实境遇和心绪全都变了，说"每况愈下"可以，说"一叶悲秋"也行，恐怕都值得细细挖掘和体察；这些与春浮园联系的人物和故事，也要换一种时代背景和眼光来审读和感受。至少有一篇文字给我的感触很深，就是本书所录萧士玮写于万历四十六年（戊午）以后某年的《春浮园偶录》。他看了南宋遗民谢翱（字皋羽）写的《小炉峰三瀑记》，说睦州地瘠民贫，具有树石奇玩的自然生态和天然美景被农民垦殖破坏不少，"尘杂俗驾旦至而睨之，毁画赘庞以丑其外，朴斫窍凿以死其内。与兹土为仇，又有甚于民之所垦者"。萧士玮对谢氏的评语是："士大夫每逢名胜，辄施题咏。览此可无内愧，此腹自负将军，山川何幸而波及之也。"可见萧士玮写此文时，对春浮园周边环境和人际关系还是满意和有自信的，一个"辄"字似乎体现了他对乱世士大夫"题咏"的某种揶揄。但他又可曾预料到"天崩地坼"后不过十余年，"殆无完景""与兹土为仇"的历史故事再次在泰和重演？！一座名园最终荡然无存，萧氏无意间引用的掌故竟然成了后世的预言和谶语！因此，把这些描写春浮园的文字细加区分和剥离，放回到不同时代的历史场景中去体会和理解，将会有助于今人不去说过头的话，不去做那个时代做不出来的东西。

我还注意到本书引了我说江西人不擅长修园的一段话，我想是在交谈时说过这种基本印象。用文字准确表达的话，恐怕还不仅是不擅长修园这么简单。从多年跑县市名镇名村所见情状看，江西基本"无园可言"。这也不是我一人的看法，举两部相关著作为证。其一是南昌大学建筑学院姚糖夫妇合著的《江西古建筑》（中国建筑工业出版社，2015年出版）。姚教授毕业于同济大学建筑专业，硕士导师就是著名的古建筑和古园林专家陈从周教授。《江西古建筑》共分九章，第八章第一节为"园林"，总共记了五处。其中两处在城市内，一是九江市烟水亭，二是玉山县城内的"鸿园"；一处实为山景（湖口石钟山）；还有两处是村落民居的附属部分，一是进贤艾溪陈家村的"羽琌山馆"，二是原属徽州的婺源浙源乡凤山村的"客馆"，是主体建筑外有独立出入口的一个部分。这五处，显然和我们从文献上读到的春浮园很不一样。尽管姚教授认为江西海拔高度和气候条件"十分宜于发展园林景观"，也认为进入宋代以后江西园林建筑进入黄金时期（提到的私家园林有北宋向子湮的"芗林园"），还对明至清中期作了"江西园林仍然保持一定程度的繁荣"的判断，并举了临川汤显祖的"玉茗堂"为"私家园林"之例，但江西近代以后园林传统逐渐衰落，私家园林和宗教园林日益凋敝，"以至于时至今日，江西园林遗存已极为匮乏"。姚教授近三十年来也是走遍江西考察村镇，园林遗存匮乏之语，应是他对经眼所见的总结。其二是赣州市博物馆万幼楠先生所著《赣南历史建筑研究》（中国建筑工业出版社，2018年出版），作者在赣南文博系统工作四十余年，在古建筑学识和古建筑修复指导方面享誉江西文博界。该书共分九章，除了概论一章外，其余八章分别为"古城、古街、古村落""民居、祠堂、水阁楼""墓塔、佛塔、风水塔""文庙、武庙、城隍庙""寺庙、宫观、耶稣堂""桥梁、牌坊、风雨亭""书院、会馆、老戏台""山寨、关隘、古驿道"。

这样的分章是否可完整涵盖"历史建筑"的类型，是见仁见智的事情，但据此理解占江西土地总面积四分之一的赣南地区现今已无"古园林"的实例可入作者法眼，恐怕没有多大偏差。

我还将多年考察中无意见到的园林实景照片和相关文字资料作了一番比对，大约还有几处值得提到。一是峡江县何君村的环玉阁及清代两层四角亭，二是宜丰县城北部老街尚存的"涉趣园"——这两处都是我和姚赯教授在考察中同时所见，当时给我们的视觉冲击和因为"迟见"的抱憾也是同样强烈！还有金溪浒湾镇富商谢甘盘写的《亦园记》，记载他在住房东偏隙地建有一园，建造过程和园中景致都描写得非常精细，花草虫鱼各有情趣，其中还提到用了玻璃，堪称江西晚清私家花园建筑的实录。另外，近年还有两篇研究吉泰地区古代园林的文章，一是鲁海昉所撰《吉泰走廊古代园林调查与研究》（2016），二是谢官宏所撰《吉安市古代园林调查研究》（2018）。后者以今属"吉安市"的县市为空间范围，主要根据历代县志及府志、通志的记载，一共整理出 180 多个园林，又将其分为私家园林、书院园林、寺观园林、官署园林、公共园林、会馆园林、祠堂园林、其他园林八大类。由此可见，在当代园林专业的学术视野中，历史建筑组群里的"园林"更具有"景观"的普遍意义。这也提醒我们，江西人不擅长修园和江西著名园林罕见的判断，也许规范在"私家园林"一类会更加符合事实。这些问题都应留出时间做更多的考察和讨论,借以夯实对春浮园的特色及价值的判断,继而解释其背后的人群生活、技术含量、文化观念和审美情趣等有意义的问题——"园"的背后是"人",这才是我们应该紧紧盯牢的重要目标。如果是这样一部史料丰富的《春浮园》放在大洋彼岸的达第斯案前,相信他也乐见其成,并会用 E-mail 谈出更多的思想来。

(2021 年 6 月 25 日定稿)

处处开眼

◎ 理解社会　理解民众 *

　　钱进君给我看了他拍的围屋照片，要我写序。我替他担心：搞历史的人谈光线、色调、摄影语言之类肯定外行。后来约好，只写我懂的和想说的，当然，说错了还是文责自负。

　　据我所知，把赣南围屋作为专题研究的，在江西有三位先行者。一位是赣州市博物馆馆长韩振飞，以近二百斤的壮硕之身走遍了赣南每一个县区。他在1993年作《赣南客家围屋源流考——兼谈闽西土楼和粤东围龙屋》一文，最先估算了赣南现存围屋总数在600座以上，并标注出闽西土楼、粤东围龙屋和赣南围屋的空间分布，最后对其流变作一解释。

---

* 　本文为钱进《赣南围屋——赣南客家围屋钱进摄影专集》（北京，中国摄影出版社，1998）书序。

一位是景德镇市建设局高级建筑师黄浩，他是中国传统民居专业学术委员会副主任委员，是研究江西民居的老前辈。曾撰《江西围子述略》，1995 年发表在民居研究的一部论文集上，太专业，读到的人很少。再有一位，就是赣州地区博物馆副馆长万幼楠，也是多年钟情于古建筑，近年与法国学者合作，做客家小区的个案研究。这种研究所启发的新视角，又反映在 1998 年发表的《围屋民居与围屋历史》一文中，他认为围屋未必与魏晋时期的坞堡有关，而是明清闽粤移民进入后的创造。钱进君的贡献，则在于率先用心用力地汇成摄影专集，将这一有形的空间物体直观地照出来，给读者强烈的视觉冲击，造成单纯文字叙述无法获得的"一目了然"的效果。就这种工作本身而言，更接近于实录，保存了一批可能在数十年后难以再见的建筑实物资料。我知道，未必人人愿去做这种坐班车跑山路的苦事，他在进行一种抢救，功德无量。

但我也相信，钱进君不是以留存数据为主要目的。他是摄影界中人，须要用一个"艺术家"的眼力去选择自己的拍摄对象。他有他的体验和感悟，他还要告诉人们一些东西。告诉人们什么呢？记得朋友中也议论过，韩振飞掷地作金石声的一番理解很是震撼人心："看见围屋，你会想到这里天高皇帝远，里面的人会抗粮，要躲兵；有人来攻打，他们会拼死搏斗，否则玉石俱焚！这里走出去的女人都是大脚板，就是和其他女人不一样，所以有那么多男人女人去当红军，去冲杀，去革命！"我还可以补充一句，就是20世纪50年代初赣南剿匪时，南下大军付出伤亡才攻下一些围子，在后来的回忆录中，这些围子被称作"炮楼"。这些，应该都是可以被理解的：大约在明中期以后，在赣南这片再度开发的地区，来了一大批"外地人"。他们不受当地土著居民的欢迎，并且逐渐在田土、山水、坟墓、市场等生存空间上彼此发生摩擦。他们不强悍一些，早就被当作异类消灭了。所以一旦有了经济实力，就开始修"围"——首先把自己保护起来，以防万一。遇到朝廷更迭、世道变换之际，围子里的人更要借助它来面对一个不可知的未来，而不管陌生的进入者旗帜是什么颜色。因而，在这样一种往往是很大体量的居民建筑上，防御功能得到特别的强调，并且可以为此而牺牲一部分其他的功能。所以，生土夯筑的围墙可以厚达三米以上，朝外少有窗户而在顶层墙上密布枪眼，再就是四个角上外凸的碉堡，以备消灭进至墙根的外敌。人们站在这种高大冷峻的建筑面前，似乎仍能听见喊杀之声，体味到生存的艰难与无奈。也许，这正是围屋的风骨所在。对此，钱进君是有他的感悟和理解的，所以他主要用黑白片来拍摄，那墙，那炮楼，那射击孔，那闸门，那巨石，那作顽固状站立的断壁残垣，以及不管有意无意都会作为远景存在的连绵峰峦，汇成一种冷色的基调。我去过赣南多次，但有种感觉在看了这批照片后被迅速强化：赣南少有胭脂气，更像一个瘦骨嶙峋的巨人。钱进君介入这一方天地，他要捉住历史，真可谓"入围"人。

然而围屋的外形是最容易拍摄的——只要你到了那里的话。难做的，是通过各个细部将人气透露出来——因为还有一大批百姓至今住在这种历史遗物中。人的生活与围屋之间本有一种联系，在过去与现在之间的确搭着桥梁。我很欣赏乌石围内景一幅：在环形通廊上向下看去，卵石的地面上堆着干柴，挂着箩筐，女人在扫地，小孩在走路，天然的采光造成局部的虚幻朦胧，而一座府第式宅院的门楣上隐约可见"大夫第"三字。围内的小天地与围外的大社会一下子连接起来——住在里面的人有与土著绅士一样的价值观。也许这只是一个小商人发家后捐来的一个身份，但他同样要做得"像"一个绅士，同样对王朝政府表示积极的认同，围内的精英同样要利用围外的文化资源来抬高自己。于是，冷峻的厮杀背后又露出了融合，围内的族群逐渐被接纳进外部的小区生活中。钱进君的镜头中继而出现了"中式举人"石刻和旗杆石，就是进一步的说明。再将时光拉到20世纪六七十年代，围屋中同样涌现了那么多的标语，政治权力对百姓生计的干预和管控，在这里照样表现得淋漓尽致。围屋似乎活动起来，甚至可以说高高的围墙倒了：它挡住了多少呢？！而这种"挡不住"的背后，又换来围内人与围外人的一样的生活、一样的思维，真是耐人寻味的历史逻辑！

也许，现在人们过于强调了围屋与铁火交融的酷烈一面，而忽略了它的自有情趣。民众还应有乐于接受它的一面，因为现存围屋百分之七十以上修成于清朝道光以后，从平定三藩叛乱算起，到这时已有百余年民食充裕、社会安定的难得承平时期，社会财富有了显见的积累。这样，人们才有可能集资建造这种费时费力、几十户甚至上百户的集体住房。可以试想在建一栋围屋之前，要怎样地筹划，怎样地动员而达成共识；一旦行动起来，又要怎样地齐心合力，历尽艰辛，才能够使它矗立起来！我想，到了这时，围屋已经成为一种"文化"的载体，成为当地民众一种实实在在的生活内容，成为他们与外部世界对话的一种资本，也透映着他们对自己的一种建筑美学的认同和炫耀。一位外部介入的摄影者最难把握的，恐怕还在于去体悟这样一种生存方式和建筑形式在当时当地的合理性，否则，他会对 20 世纪 60 年代还建围屋的现象无法理解，会觉得人们多少年来一直住在围屋内实在怪诞。摄影与研究应有同理，即不能去对一种历史和现状做超越时空而又人人可以接受的价值判断，而要去理解，去做一种解释，尽可能有力度地说明人们为什么会是这样而不是那样，为什么只能这样而不能那样，等等。城里人来到这种可能一天也待不下去的环境时，应当具有一种人文关怀，去体察一种极其顽强的生命力量—— 无论如经典作家所比喻的"装在麻袋中的一个个马铃薯"，还是《牛虻》所形容的"快乐的飞虻"。钱进君有没有他的"解释"和关心？还是留待更多的读者来评判。我只觉得如薯片、井台、棺木等细部的捕捉，似乎话里有话，我为能产生这种感觉而暗喜。

钱进君开朗诚朴，好帮人，因而人缘甚好。他是江西民俗摄影协会的主要发起人之一，近年为了更多属于自己的时间，断然跳入自由职业者的池塘。自由度的加大是以工作难度的加大为代价的：生计问题是头等大事，继而要筹措经费，当然还渴求比现在要良好的人文环境。然而更难的，恐怕还是摄影这门"艺术"。从理论、概念，到照相机这个小玩意儿，几乎全是舶来品，国人长期以来还是在学，要想跳出自己的一套舞步来，不是短时间可以做到的。这对一个以摄影艺术为终生追求的人来说，当然是个苦涩的问题，但又是一个不得不自问、不得不面对的问题。这个向前赶路的阶段要多久？不知道，但可能会超过这一代人的生命剩下的时间。那么，目的可能已不重要，前行的本身就变得最有意思。圈内人还知道，在他的同行者中，还有他那位身姿矫健的发妻，这是令不少朋友羡慕的：一个试图去做一种理解工作的人，首先得到了理解。

钱进君还会走近那片广袤的土地吗？

他还会去倾听那位沧桑老妪的述说吗？

钱进，前进。

（1998 年 11 月 20 日）

◎ 立此存照

江西乡村考察笔记之一

　　记得是在 2003 年初夏，胡平先生对我做完访谈后还有过一次对话，我重点说了对民国以来江西乡村变迁的看法，以及多年来我跑各个县市的印象和思考。当时胡平先生拟另作一文发表，后来虽因各种原因而未果，但那次对话的记录留了下来，有近八千字。近几年，出版社的张国功兄不止一次地建议（也是一种抱怨），希望我把跑田野、到乡村之所见所闻所思系统地写出来，汇集出版，与读者分享。这些好意都让我感到欣慰，知道自己的作为还可以得到朋友们的理解和赞赏。但越是跑得多，越是"一时不知从何处谈起"，结果是每跑一次留下几百张照片，满脑子想法，笔头却"拙"得很，往往要到为某地的文化事文化人写篇前言后记时，才会联系起来写一通。通览我已经完成的相关文字，就可以看出这样一个基本过程和思想轨迹。

今年正月初九，我与同研究室的李平亮博士去了奉新县，会同老家在那里的研究生一起跑了几天山区，寻找乡民们几百年来的生活痕迹。就在最后一天，忽然接到省文物普查办肖发标研究员电话，问是否有时间去莲花县察看历史文化遗迹，同时通知我受聘为第三次文物普查专家指导组成员。闻讯大喜：莲花县是我最后一个没有到过的江西县域，早已心向往之，当然希望尽早扫除这个"最后的盲点"。现在机会和条件这样巧这样好，岂不是"瞌睡碰到了枕头"？！于是从奉新归来的第二天一早，又与老肖等驱车直奔莲花，先后考察两天，跑了几个汉墓发掘现场和若干乡镇的大村落，大开眼界，感触颇深颇深！回家当晚，浮想联翩，至深夜而不能寐，那种不写不快的感觉尤其强烈。我悟到，这是历史送给我的一个珍贵人生印记和机缘：我从 1984 年夏在泰和南部山区做"蜜月考察"开始，至今用了整整 25 年时间，完成了"跑遍江西全部县市"的历程，尽管往事历历在目，但自知人生宝贵，绝不敢轻言"弹指一挥间"——当年我是翩翩娇客，现在则已两鬓灰白！但我庆幸自己可以完成这样一程"环游"，尤其是从 20 世纪 80 年代江西那种颇为恶劣的交通条件下跑过来，就是一种独特的"历史见证"。我记得那次对胡平先生说起我当年出行的一种经验：你怎样可以在瞌睡状态或夜色朦胧中知道到了一个乡镇政府所在地呢？那就是在经过一两个钟头的剧烈颠簸后,突然车子行驶平稳了,你紧抓前排靠背的手可以稍稍放开休息一会儿了,同时这也是车子要小停几分钟,上下一批乘客的时候。然后车门关上,再开出几百米远,车子又开始颠簸了,你的手又得用力抓住前排的靠背了,你就知道自己和一个乡镇政府所在地告别了,和一段专门为乡镇政府铺的柏油马路或水泥路面告别了,于是你又开始"行进在乡间的土地上"了。

我还特别记得1994年12月下旬去乐安县流坑村考察的艰难行程:那次是与厦门大学历史系郑振满教授同行,我们下午先在南昌坐火车到乐安县北部的江边村,那里真的就是一个"村"。火车上除了一些挑箩担的农民外,只有一个在几节车厢里来回巡查的乘警,大声提醒坐车的人不要打瞌睡,以防扒窃和割包。下了火车,再坐上去县城的汽车,几十公里的路程走完,进县城时已经过了吃晚饭的时间,只好先在县委招待所住下。第二天上午,闻讯赶来的县文化局郭、詹两位局长找了一圈,没有一辆车可以直到流坑。他们着急,深感"对不住两位大学来的教授",于是一再挽留吃一餐中饭,同时又四处找车。近中午时吃完饭,他们在县城一个汽车修理厂"动员"了一辆在修的吉普车,总算把我们送上路,詹局长还坚持要陪同前往。但只过了县城边的加油站不远,车子就再也动不了了,詹局长急得眼冒金星。刚好公路上路过一辆开往湖坪乡的大巴,人塞得满满的。我们只好把詹局长留在那里"处理后事",拦住大巴强挤上去,总算又向目的地前行。然而不过走了六七公里,这辆大巴又熄火了,司机修了也发动不了,于是动员乘客都下来推一把,但下车的人不多,推车的人更少。时间已快到下午 4 点,我开始发急,真怕要被撂在前不着村后不靠店的地方过夜了,那时候还远没到人人一部手机的地步,连向熟人告急求援的办法都没有。于是我也不管了,扯着嗓门帮司机动员那些赖在车上的人下来推。可能是乡民看出这两个讲普通话的人是外来的,身份有些不同,再加上耗下去还是谁都走不了,于是陆陆续续多了一些男人下来推车,车子自重也轻了些,终于可以推动了,发动了,向前开了,才在傍晚近 6 点时终于到达牛田镇。大巴继续南行,我们则必须下车,要走十里乡间小路,才可以到村里。但已近黄昏,实在没有办法,我又去镇政府找到前几次来此已经认识的姚镇长,他临时去找司机,才用镇里唯一一部公车——一辆半旧的北京吉普,终于把我们送到郑教授心仪已久的流坑村。算一算,这 200 公里的路程我们整整走了一天半,且留下了一种挥之不去的"历险"之感!

而以这次在莲花县考察的经历来说,"变迁"之感再次强烈地撞击我们的心扉。刨去往返各半天,真正在当地"跑"的时间也就是头天一个下午、第二天一个上午,但因为有车代步,所以先后到了坊楼镇、升坊镇、琴亭镇、良坊镇、路口镇。另外还有下坊,现在虽然已经撤并,但过去也是一个镇的建制。几乎在所有的镇都进了村，看了某些细部，全部里程应该在 100 公里上下。因为现在的数码相机自动记录每张照片的时间，且精准到"分"，所以只要把全部的照片按拍摄时间排列，时空的变易和不同文化景观的对比便犹如重放电影一般再入脑海，给人方便，使人庆幸，同时更令人感慨不已！

我相信，将来还有比我年轻的朋友可以再"跑遍江西"，但在现在这种大巴中巴遍地，一直可到乡民家的交通条件下，一定很难再找到前人"出门难"的感觉，当然就更难想象乡民所说七十里山路挑担走两天的民国景象。我经常想，在现在这样便捷的出行条件下，"跑田野"固然比以前方便得多，容易得多，时间成本也节省许多，从理论上说效率也会提高不少，但真的就可以看到更多的"历史"吗？就可以触摸到更多的"过去"吗？我看未必。我不时以此自警，也愿更加年轻的朋友有此警觉。

立此存照，为自己，为这 25 年的历史，也为这块土地。

（2009 年 2 月 20 日定稿于江西师范大学区域社会研究资料中心）

立此存照

◎ 十年磨剑　推陈出新 *

　　每次为研究赣南的同人写些文字都令我分外愉悦，每次到赣南地区考察都让我感到兴奋无比，这是为什么？

　　可能是因为能和这批同人做深层次的学术对话，声气相通；可能是因为这片土地上还有大批亟待开辟的课题，既布满谜团又极具诱惑力！

　　到今年，我进入这片土地整整20个年头了。1992年1月中旬，首次到赣州就是去开"中华客家研讨会"，会后还先后考察了大庾岭、南雄珠玑巷、瑞金九堡乡、石城县和福建宁化石壁村。也可以说，从此就与"客家问题"结下不解

* 本文为江西省赣州市博物馆、江西省博物馆学会客家专业委员会编著《江西客家：江西省博物馆学会客家专业委员会成立暨首届客家学术研讨会论文集》（南昌，江西人民出版社，2011）书序。

之缘。另外，我还是"客家人"的半子——岳父祖籍广东梅县，他的前辈先迁徙到兴国县崇贤、方太一带，约在清代中期才翻过老营盘，入住泰和南部山区。我能大致听懂"客家"话，就是当"客家"姑爷的意外收获之一。而此后问世的两篇拙文，都与这个历程有关：《试析兴国移民姓氏的"粘连"现象》6000字，刊载于《赣南师范学院学报》1992年"赣南客家研究专辑"，就是去赣南开会的命题作文；《江西泰和中龙乡客家民区蔡氏契据及其相关问题》20000字，收录于《中华客家研究论丛》第一辑（江西人民出版社，1996年出版），则是就便研究了岳父家留下来的16张旧契。近十几年，我除了在赣南各地看"客家"外，还得益于梅州嘉应大学^①房学嘉教授等人的安排和引导，不止一次实地考察梅州诸县，跑村庄，看宗祠，进庙宇，读文献。可与赣南加以比较的不同之处，除了围龙屋的形制之外，还可以在梅州明显找到更多与外洋的亲缘联系和资本回流，等等。十年前，我还得到机会去闽西考察连城四堡乡，除了意识到明清时期盗版问题照样存之外，还对那片区域的民情风俗和精美廊桥留下深刻印象。正是因为有多种机遇在这一大片现在被称为"客家地区"的空间里跑来跑去，所以我遇到"客家"问题时会有更多的鲜活实例和对比参数。更何况越是到后来，越是可以

---

① 2000年，嘉应大学与嘉应教育学院合并组建嘉应学院。

方便地了解国内外学术界讨论"客家"问题的走向和新论点，以及多层次多学科的分析架构和研究方法。眼界自然就开阔起来，思想不断受到冲撞而活跃。在这个意义上说，"客家"问题已经融入了自己对"中国历史"问题理解的大框架中，而不再具有溢出其外的其他时空特质和历史秉性。换言之，我进入得未必有多深，但必要时还可以跳得出来。

近十几年，我还有两篇文字涉及赣南，与现在见到的这本论文集不无关系。一篇是《理解社会 理解民众》，是为《赣南围屋——赣南客家围屋钱进摄影专集》（中国摄影出版社，1998年出版）写的序言。在文中我先回顾了专题研究赣南围屋的三位先行者，即赣州市博物馆馆长韩振飞、景德镇市建设局高级建筑师黄浩，以及当时赣州地区博物馆副馆长万幼楠，然后谈论我对赣南围屋的些许理解：

也许，现在人们过于强调了围屋与铁火交融的酷烈一面，而忽略了它的自有情趣。民众还应有乐于接受它的一面，因为现存围屋百分之七十以上修成于清朝道光以后，从平定三藩叛乱算起，到这时已有百余年民食充裕、社会安定的难得承平时期，社会财富有了显见的积累。这样，人们才有可能集资建造这种费时费力、几十户甚至上百户的集体住房。可以试想在建一栋围屋之前，要怎样地筹划，怎样地动员而达成共识；一旦行动起来，又要怎样地齐心合力，历尽艰辛，才能够使它矗立起来！我想，到了这时，围屋已经成为一种"文化"的载体，成为当地民众一种实实在在的生活内容，成为他们与外部世界对话的一种资本，也透映着他们对自己的一种建筑美学的认同和炫耀。

这些年过去了，我又多次去围屋集中的地方考察，尤其是在安远县的东升围考察时，留下极其深刻的印象和一连串问题，以及以半百之身跃跃欲试的研究冲动：你在那里，可以看到若干个围屋均匀地分布在一个几平方公里的范围之内，而在围屋的周边又有若干村落和普通民居存在，让人毫不费力地看到两种建筑形制平行存在，继而想到可能是不同的姓氏和族群在彼此相邻的空间里共生。我的一些极其质朴的问题就产生了：谁建造围屋和住进围屋？谁不建和不进入围屋？为什么围屋和其他建筑如此靠近又有如此明显的差别和区分？围屋里的人和外面的人是一种什么关系？彼此通婚吗？联盟吗？打架吗？革命发生的时候围屋里的人和外面的人是同样表示欢迎还是持不同态度？土改时是围屋里面的"地主""富农"多还是外面的多？等等。本册论文集的文章我已先睹为快，也是带着这些问题来求教求解的，所以读起来饶有兴味，同时不免还留有遗憾。

我的另一篇文字，是《将更开阔的视野投向章贡大地——赣南的地方历史研究及其面临的挑战》，载于《南方文物》

2001年第4期，13000字。至今为止，我都自视该文为得意之作，因为我花了几个月的时间梳理赣南研究的学术史历程，首先论述了"赣南地方历史研究队伍的学术成就和工作意义"，对于这支朋友甚多的研究队伍之学术走向和评价，如何把握拿捏颇费心思；随后用了超过一半的篇幅，细谈"省外学者对赣南地方历史的研究及其形成的挑战"，其中着重介绍曹树基的移民史研究和三篇外省高校的博士论文。文章发表后，编辑部转告我反响良好，认为在江西文博圈子里有推动作用；记得还有一位瑞金的同志写信与我商榷，表达了不同见解，这对一篇文章而言，就算是不错的正面反馈了，作者是应该喜出望外的。十年过去了，赣南又有新的学术团体诞生了，即"江西省博物馆学会客家专业委员会"，而且即将以此为主力来举办"首届客家学术研讨会"；十年前说赣南"资源、资料从整体上说还是处于匮乏状态"的那句话，我想现在应该改动一下了，至少各级博物馆的待遇状况比以前有所改善。我还注意到这本集子所收论文的第三部分，是在设计和建设"江西客家博物院""客家文化生态保护实验基地"，堪称十年一剑，这种持续的战斗力和凝聚力，在别的地区还是少见的，有"队伍"，比什么都重要！我还读到论文集中《从宋代赣州李潜墓志铭看客家先民的南迁》一文，它勾起我曾和振飞馆长谈过的一个想法：是否有可能联合赣南18个县市的文博界同人，把已入馆藏的和通过第三次全国文物普查新掌握的各种带文字的原始资料，尤其是地下出土的那些实物（如墓志铭、买地券、碑石以及相关的葬制）以及地表的摩崖、牌匾、文集等，统加整理和辑录，编印成书，让大家一篇篇解读和讨论，看看在不同的历史时期，赣南地面上的人怎样说自己、怎样看别人，怎样生、怎样死，怎样通婚、怎样相处，怎样发展，等等。一句话，把今天大家统称的"客家"放到一个"人"的社会生活史中去理解，去考察，我们可能会有更多更生动的发现和解释。在此基础上，再出一批系统的专题论文集，一定会更精彩。也许，这要期待下一个十年了。如果届时还要找人来写一篇回顾，我乐意之至。今天就算把话撂这儿了：只要来找，我就接招。

（2011 年 9 月 18 日定稿于江西师范大学区域社会研究资料中心）

◎ 乡土文化：江西谋发展的必修课 *

（一）我们缺乏对乡土社会和百姓历史的深入了解和研究

现代人，包括我们的领导干部和学者、文化人，最忽略、最缺乏的，是对乡土社会和百姓历史的深入了解和研究。这是供我们吃、供我们穿，让我们得以生存的乡土。

---

* 访谈嘉宾：梁洪生。特约主持人：陈东有。陈东有，男，1952 年生于南昌市，祖籍江西丰城。南昌大学教授、博士生导师，厦门大学史学博士。时任江西省人大常委会委员、内务司法委员会副主任委员，曾任江西省委宣传部常务副部长、南昌大学党委副书记等职务。主要从事文学史、社会经济史和管理学研究。先后出版专著《走向海洋贸易带——近代世界市场互动中的中国东南商人行为》（博士论文）、《人欲的解放——明清社会经济变迁与大众审美》、《金瓶梅文化研究》等，发表学术论文 90 余篇。

陈东有：二十多年来，梁教授以一个学者的身份，孜孜不倦地深入乡村，面向基层和广大老百姓，做实地考察和研究工作，为的是了解江西，理解江西，同时思考江西。洪生兄，你身为一个大学教授，怎么会想到要去"行走江西"？

梁洪生：我是走了25年完成江西全部县市的考察，但不是一开始就有明确计划，而是由不同时期对学术、对社会认识的变化逐渐推动和形成的。这个过程大致可分为四个阶段。

第一个阶段是1982年到1990年，我毕业留校在江西师大历史系做地方史研究和教学，专业所致，有些关注就自然形成了，而且在不经意间参与了管理部门的一些工作。譬如在1984年，江西省委宣传部一共组织了10批高校教师做专题调研，我这个组分在宜春地区调查当时农村的"万元户"，于是一口气跑了5个县，用了20多天时间，最后形成了一万多字的调查报告，还获了奖。另外从1985年开始，江西师大历史系开办了一个文博专科班，毕业了6届学员，通过他们，我们建立了与各市县文博队伍的密切联系并加强了对基层社会的了解。

第二个阶段是1990年到1996年。1990年秋我去厦门大学中国经济史博士点做访问学者，这一年使我的史学理念、治学方法和途径都发生了革命性的变化，深知中国传统史学最忽略、最缺乏对乡土社会和百姓历史的深入了解和研究，尤其是做近 600 年来历史研究的人根本不能脱离乡土。像家谱、神庙、祠堂这些乡土社会最重要的生活内容，都需要深入考察和研究。1992 年底开始，我去清代以来江西四大商镇之一的吴城镇考察，晚清之前那可是个不得了的热闹地方。好几年我都在吴城过春节过元宵，要看游神和出龙灯，当地很多居民和乡镇干部都成了我的朋友。还有一个地方就是乐安县流坑村，从 1993 年春天开始，我和其他学者一起去考察，每年都去，就住在村民家，直到 1997 年出版集体之作《千古一村——流坑历史文化的考察》。这一镇、一村，都是我重新学习历史的重要课堂。

第三个阶段是 1996 年之后，我专门调查江西的家谱，用三年时间走了 70 多个县，到 2002 年出版《江西公藏谱牒目录提要》。这不仅是我对江西家谱资料做的一次摸底和研究，还对我的学术养成，对江西民众的理解都有相当的意义。

第四个阶段是 2002 年以后直到现在。大致说就是近十多年来我先后参加了江西省历史文化名镇名村的考察评审、江西省非物质文化遗产的评定和全国第三次文物普查成果检测等三个专家组的工作，使我对江西各地的考察进入了快车道时期，加速进行。而且更重要的是：这几个专家组都由多学科的专家学者组成，见多识广，各自贡献不同的学科知识，有讨论，有冲撞，对不同地区和类型的乡土文化资源价值看得更深入更全面。譬如（江西）省文化厅 1997 年曾组成专家组进流坑村做全面考察和资料摸排，在历史学、考古学、文物鉴定之外第一次引进了建筑学专家。这些人进去之后才发现，原来鉴定为明代建筑的，实际上主要建成于清初，但是的确带有比较多的明代建筑风格，这就使流坑村的民居建筑具有明清转型时期"标准器"的意义，这在江西乃至全国都是罕见的。只有发现这样的实例和意义，才可能把流坑"千古一村"的地位和价值真正坐实。

这三个专家组工作从 2002 年起逐渐铺开，主要由省住建厅和文化厅主持和组织。经过十多年高频度的考察，专家们通过体验和讨论形成的对百姓生活的内涵的把握和理解、对江西乡土文化资源的深厚和多样化的理解，对于各自学术视野的打开和水准的提高，都大有好处。我就深受其益，深感"读书""行路"一个不能少。

（二）我们在和大自然与文物贩子赛跑

江西现有 15 万多个村庄，每年都会消失一些，近 10 年中国消失了 90 万个自然村。

陈东有：你刚才举了很多例子，清晰地勾勒出你二十多年来行走江西的脉络和路线。那么，你对江西的乡土文化资源基本情况认知如何？

梁洪生：首先，江西的乡土文化资源非常丰厚。到2012 年，江西省一共评选和公布了 84 个省级历史文化名镇名村，其中有 21 个被评为国家级历史文化名镇名村，在全国位列第五。这不仅说明江西省历史文化名镇名村的资源丰厚，为国内同人所认可，还说明江西做的这项工作是很有成效的，值得彰扬。

而与之相应的是，乡土文化资源也在不断地被破坏。江西省到现在为止有 15 万多个村庄，然而每年都会消失一些。你们注意一下，今年 6 月 8 日央视《朝闻天下》有报道，近10 年中国消失了 90 万个自然村。这些年来我一直在乡下跑，除了老百姓自己的拆旧建新外，成规模的建设性破坏也随处可见。

因此我们一是和时间竞争，很多民居已经好几百年了，今天在这里，不保护的话过几年就倒了。二是我们身后可能就跟着文物贩子，有时白天到一个村，第二天那里的东西就被偷掉了。有些就是本村的不肖子孙，偷盗身边的文化遗产。

另外，前些年还有一个问题，就是一些文博工作者不大关心乡村里的文化资源，讲起秦砖汉瓦来一身是劲，出了门就漠然得很。到了桥边，不晓得看桥墩和桥碑；进了村子，不懂得是明代还是清代的房子。你要问他们为什么这样，他们会说自己只管文物。那文物是什么? 很多不就是老百姓用过的和留下来的东西吗？这个弱点，也使得一些乡土文化资源没有得到及时的关注和保护。

但到 2007 年第三次全国文物普查开始后，一个革命性的变化出现了，就是国家文物局明确把乡村的民居、祠堂、古井、桥梁等都纳入文物普查的范围。这几年搞下来，各地博物馆的馆长们都成了乡土文化资源考察的专家，这是大好事。

（三）古村落，多保一个是一个

对专家而言，多保一个古村落就是开会打个钩，而对当地的百姓而言，那就是百分之百。

陈东有：基于这些认知，你认为当下最需要解决的问题有哪些？

梁洪生：我们一定要明白，古镇古村不是"文物"，不是暂时封存就得到保护的一种"东西"，在这个意义上说，现存的古镇古村只会越来越少，现实问题会越来越多。即使有一部分被评选为历史文化名镇名村，这种总体状态也不可逆转，被保护起来的只是很少的一部分。因此，我们只能抱"多保一个是一个"的愿望，抓紧考察，完善评选，尽量让一些符合评选标准的古镇古村"进笼子"，将其重视和保护起来。

我们还要明白，对专家而言，多保一个古村落就是开会打个钩，而对当地的百姓而言，那就是百分之百。上了"国保"，就可能有特殊机遇，可能有外部资源来支援它。乡下人资源还很单薄，外部能帮一把是一把，要有这个情怀。如果不给村民们一个平台，我们怎么可以期望他们把明清建筑当作宝贝一样保护下来呢？

现在这项工作又有新的发展，住建部最近启动了另一项工作——评选"中国传统村落"。"传统村落"可以说是个初选的总盘子，比名镇名村的评选标准要低一些，以利于更大范围地保护一些古村落。第一批中国传统村落名录去年年底公布，江西省有33个，在全国排名第八。最近江西又评选了一批，准备申报第二批中国传统村落。

还要注意的是，已经被评为历史文化名镇名村和传统村落的空间里要保留什么？要让那里的东西说明什么？让城里人和年轻人到那里去看什么？记得十几年前我和法国著名学者劳格文一起在乡下考察时，谈到一个共同体会，即"传统时代的人讲究美丽，现代人讲究效率"——所谓"美丽"，最突出的一点就是特色明显，"我就是我，你就是你"，尽量显示"不同"。这样，地域性的文化差异和各地老百姓的不同生活内容和发展道路就显现出来了，外人一看也印象深刻。

（四）乡土文化资源的整合和共享条件趋于成熟

眼下乡土文化资源由不同的系统分开发掘和管理，"条条"为政。可不可以由省里来牵头，整合这些资源，建立大家可以共享的资源平台呢？

陈东有：这么多年致力于考察乡土文化资源，作为你个人来讲，还想做的是什么？

梁洪生：通过多年的考察，我发现江西也好，全国也好，乡土文化资源至少有五六条线在分开发掘，也是分开管理。譬如你去问一个县文化馆的人有几个历史文化名镇名村，他会说我是做"非遗"的，名镇名村我不清楚；你去问村镇管理部门"非遗"项目有多少，他也不清楚。这不仅造成了资源浪费的问题，更重要的是地方文化资源之间的彼此联系被割裂了。它们本来是有很强的依存关系的，譬如说属于"非遗"的演艺、民俗、技艺等，如果脱离了具体的村落空间和生活环境，就成了无源之水、无本之木，就只剩下空空的外壳了。从操作层面说，越是到市县一级，越是缺乏专业的研究力量。如果资源可以共享，部门之间工作成果可以交流，有利于在一个大范围内提升做好乡土文化资源工作的整体水平。可不可以由省里来牵头，整合这些资源，建立大家可以共享的资源平台呢？近年来我越来越感觉到它的重要，很想做好这个"打通"的工作。我们暂且可以把这一设想称为"多宝塔工程"，就是在具体的空间基础上，多层次地叠加不同的乡土文化资源，尽量发掘和展现它们之间的关系。可分为四个步骤进行：第一是整合，第二是共享，第三是面向民众展示，第四是供学术界研究。假如可以建一个模拟江西全境的大型沙盘，利用声光电等技术手段，还可以把名镇名村、"非遗"项目、家族姓氏、民间信仰等内容一一展示在人们面前，一目了然。这些内容和不同的地理环境的关系，彼此之间的相同和不同等，都可以很直观地表现出来。如果可行，我不仅乐见其成，而且也愿意贡献绵薄之力。

（五）新农村建设要考虑乡土文化因素

要根据中国的国情来进行新农村建设和城镇化，要让农民生活得有尊严，有自信。中国文化发展的基础何在？未来何在？在乡土，在民间。

陈东有：为什么你特别强调"乡土文化"的重要性？你这么多年来花了这么大的力气，几乎所有的时间、课题都放在对乡土文化的考察和研究上，它的意义何在呢？

梁洪生：可以从三个方面谈这个问题。

第一，一直到五六十年前，几乎所有的历史发生地都在农村。有数据说明，1949 年时江西只有百分之三点几的人在城市，其余的都是"乡下人"。江西最大的都市南昌，也只有 8 平方公里多一点。我们现在所在的北京西路，就是乡下。我是在南昌长大的，小时候过大年夜的娱乐活动之一，就是骑上父亲的自行车，用一个多小时就把全南昌市转一圈。现在南昌市区面积已有 200 多平方公里，往后还要扩大到 350 平方公里。那我们就明白，今天的城市，就是我们把大片的原来的"乡下"变成了市区，把大量过去种田的人变成了城里人。我们再往前推，清代、明代、宋代、唐代，那时的民众基本上都在乡村。所以我在研究的"历史"，其实主要发生在乡村，所以就是从我的学科专业来说，也要特别地关注乡村。

第二，从现在的实际遗存看，真正反映历史文化要素的空间和实物基本上保留在乡村。不信，你到南昌市找几栋像样的民国房子给我看看？但是你下乡进到名镇名村，无论是国家级的还是省级的，都有一批明清建筑或民国建筑，还有过去修的家谱，还有一批活在民间的传统习俗，等等。

江西的城市中，我个人认为唯一有历史含量的是赣州市，从唐代到民国的遗址和景观都有，放开来看三天，绝不会重复和枯燥。南昌作为省会城市，当年余秋雨的评价不是空穴

来风 ①，很值得我们反思和检讨。

第三，我们历来说中华民族有悠久的历史和文化传统，到今天我们怎么把这个说法坐实呢？方法之一就是充分认识和发掘乡土文化资源，找到悠久的民众生活的"根"。对乡土文化资源的认识，应该上升到一个民族历史和文化的层面。民族的自信、文化的自信，都是要有很多实物实例实事来支撑和提升的。

现在去乡下，会看到一些很让人揪心的地方，例如在很多名镇名村里，看到的几乎都是老人、妇女和儿童。人走空了，房子锁了，就成了"空心村"，传统建筑霉烂得更快。这是一个现实，江西有庞大的打工队伍外出，我们不能指望评选上名镇名村就对年轻人有多大的吸引力，能把他们从外地打工的地方拉回来。但是我们一定要记住，在江西的乡村里，一定有一批人是永远走不出去的，特别是那些老弱妇孺。那么我们能不能通过这些评选和文化活动，给这些走不出去的人留一块尽量美丽的空间环境？让他们还有在此生活的自信，而不是急切地走出去。

中国的城镇化道路，一定要尊重现实和国情，不能照搬国外经验。将来有更多的人进入城市，这是趋势，不可逆转。

---

① 余秋雨曾在《青云谱随想》中评价南昌说："在我到过的省会中，南昌算是不太好玩的一个。"见《文化苦旅》，72页，北京，知识出版社，1992。

不过我们也要知道，不能一味追求城市扩容、人口进城，不能通过毁旧建新的方式来进行新农村建设和城镇化。中国有这么庞大的人群，城镇化道路一定要有自己的方式，有它特殊的要求和轨迹。我们能不能在江西这块土地上，保留和营造多一些的美丽乡村？我在很多场合介绍过莲花县良坊镇的王家村，村民利用王氏宗祠，建立莲花县民俗博物馆，后来更名为"赣西民俗陈列馆"，里面保留了几百件反映生产、生活和习俗的实物，让人体会到他们对生活很有自信，很有活力。要善于发现和利用一些农村的文化资源，让百姓得到尊重。做到不花多少钱，不做太大改变，就能够做好新农村建设工作。中国现代化建设的核心还是农民问题，核心还是人，要关心人。

（本文原刊于《江南都市报》"江南新视野·高端访谈"，2013 年 7 月 15 日）

◎ 江西的城市生活史研究亟待深入 *

    以我自己的阅读经历而论，较早介绍江西城市近代演变概况的专业书籍，当数《当代江西城市建设（1949—1983）》一书，由江西省城乡建设环境保护厅编写，江西科学技术出版社1987年出版。全书800余页，厚厚一本，里面配照近50幅，还制作了一批图、表，在当时赣版书籍尚属稀缺的情况下，实为一本技术含量较高的参考书。该书主体分为"城建篇"和"城镇篇"两篇。"城建篇"用专题叙述，或可称为"条条"。下分江西各主要城市的规划、住宅与房产、公共交通、给水、燃气、道路与桥梁、排水、园林

---

* 本文为钟艳、汪建策《九江记忆：近代城市变迁的过去与今生》（南昌，江西人民出版社，2017）书序。

绿化、风景名胜区、环境卫生、环境保护、防灾、市政工程勘测设计和施工、城建管理 14 章。"城镇篇"则分别记载南昌、九江等 12 个设区市，县级市井冈山市，庐山，以及瑞金象湖等 7 个镇，或可谓之"块块"。其中九江市有 12 页的篇幅，并配照片 3 幅，分别是长江防洪大堤、居民区绿化、甘棠湖中烟水亭。文中记载在鸦片战争之前，九江的"建成区始终囿于城垣所圈的 2.5 平方公里范围内"。待 1858 年第二次鸦片战争中签订《天津条约》，九江被辟为长江沿线的开放口岸之一，九江的"建成区逐渐越出西门向沿江扩展。在填平湓浦港的基础上，修建了洋楼林立的'外洋街'（今湓浦路）；大中路向东西两端延伸，形成手工作坊与商店密集的商业大街；整个市区范围相应扩大，建成区面积接近 3 平方公里"。到 1949 年前后，九江市建成区面积维持在 4 平方公里左右。到 1957 年，扩大到 6.5 平方公里，1965 年扩展到 11 平方公里。"文化大革命"结束后，九江进入了城建发展的新时期，首先是进一步修订和完善城市规划。1980 年初，编制成城市总体规划和专业规划；1981 年，对原规划作局部修改；1983 年又对总体规划作了再次修订补充，规划期限为 1990—2000 年，规划范围为浔阳区及近郊，面积为 45 平方公里。由此可知，今天我们见到的《九江记忆：近代城市变迁的过去与今生》（以下简称《九江记忆》）一书所论及的九江市的新建与拆除，都应该是在这个大规划盘子的基础上进行的，所以《当代江西城市建设（1949—1983）》一书至今仍有不容忽视的参考价值。如果说日后又有新的内容或规划调整，恐怕就要继续参考《九江记忆》所引用的《九江历史文化名城保护规划（2005—2020）》等新规划了，因为我们知道省政府1990年才批准九江市为省级"历史文化名城"，故而此事在《当代江西城市建设（1949—1983）》中不可能顾及。虽然说在20世纪90年代初江西各地还没有出现近十余年来这样的大拆大建，但"历史文化名城"的命名至少可视为一种全球性理念引入九江，是一个时代进步的表征，有时候还能对肆无忌惮的"建设性破坏"起到某种程度的震慑作用。

不无巧合的是，2003年6月16日《江南都市报》"江铃都市新观察"专栏以《第三只眼睛看江西》为题，发表了对我的长篇访谈。其中我多处谈到九江近代成为中国沿江口岸的经历和重要性，因为那时我已在鄱阳湖边的吴城镇做了十年的商镇史研究，资料看了不少，也有了自己的心得：

1858年《天津条约》把九江划为口岸，1861年，洋人开始在这里建租界，当时主要是英帝国的势力范围。一条"洋街"分为上、中、下三部分，码头也被很多国家分割，庐山的牯岭街也被英国人租用。江西的第一份近代化报刊是1890年出现在九江的教会刊物，刊物的内容是用文言文和当时的官话写的，主要是面对一些教徒。这个刊物的名称是英文的，翻译成中文叫《教会辩护者》，简称《护教者》。很快，又成立了九江海关，以前姑塘关是进长江的一个重要税卡，是打太平军的时候收厘金最重的地方，清军很大一部分军费来源于这个税卡。列强来了以后，提出要分割关税利益，设了海关，主要管理"洋货"关税的征收，所以又被当地人称为"洋关"。这样，九江的城市建设、经济生活内容、教育等，都在这样一个变局下随之变化。直到20世纪60年代，九江还有以外国传教士名字命名的小巷，就是一个遗存的见证。

之所以说近代的中国分成两个世界，就是因为各地变化的步伐不一样，沿海地区变得快，而内地变得慢。整个中国近代史的特点就是一直在"变"，而且"多变"。由东部沿海口岸的"变"开始，再由东部口岸沿着长江向腹地"变"。九江是江西第一个"变"的地方。

而19世纪60年代九江开放以后，沿长江一线变得越来越重要。在很长一段时间里，中国的地图都是先介绍九江，再介绍南昌，因为九江是长江沿线的一个大口岸，南昌只是一个地区性的政治中心，从全国的角度来说，当时九江比南昌更重要。我查阅过十几种地图，完全可以说明这个问题。近代南昌只是一个政治中心，九江和萍乡的经济要比南昌活跃，南昌只能在政治上起控制作用，在经济上却不能执牛耳。

还可以补充一个我儿时在南昌听过的方言民谣："天上的九头鸟，地下的九江佬。三个南昌佬，当不得个九江佬。"当时还听说九江人"刁"，是说见过大市面会经商，还含有欺负"乡下人"的意思。后来长大了我去过外省，又听说是"天上的九头鸟，地下的湖北佬"，比不上他们的人又变成"九江佬"了。再后来有了研究和思考比较，大致懂得这些民谣表达往往雷同，变换的只是一些地名和人名，背后有一个稳定的视角和评判模式，就是强调小地方与大码头、"乡下人"与"城里人"之间的见识区别和不同遭际，相对而言都是成立的。再就是 2006 年我在哈佛燕京学社做访问学者时，还看到一批日文资料，有一批曾在长江中过往的日本人，他们在游记中所记江西境内地方主要是两处，一是九江，二是庐山，而鲜有到过南昌的经历。以此衡量南昌，可谓近代江西的短板所在。换言之，江西在近代的落后加剧，是它的城市经济、城市文化、城市人群的发展滞后所导致，九江、萍乡两地的开放和经济活跃，与省会南昌的保守封闭形成强烈的反差，构成一种充满各种矛盾的二元结构，影响深远。由此观之，近代九江在江西的地位就不能不凸显出来。因此《九江记忆》关注"近代（九江）城市变迁的过去与今生"，就找到了这个城市在江西率先与世界对话的时代特征和最大亮点。一个考察九江城内林林总总的新旧建筑与人群生活的历史基准线和社会大背景，就此勾勒和铺垫起来。

承蒙《九江记忆》两位作者的抬爱，我在一年前成为先睹书稿者之一，并且提了一些修订意见。总体说来，全书的框架在当时就已基本建立，共分三大板块：首先是九江市的历史形成，这一部分应该主要得益于建策先生，因为"说历史"是他这个九江市博物馆馆长的强项；其次是九江传统街巷、重要历史建筑与民居的现状及其或存或毁的过程；最后是对保护和利用九江尚存历史景观和古树名木的理性思考与操作建议。后两部分无疑是以钟艳老师的手笔为主，因为她的本科与研究生专业皆与土地资源管理有关，又在九江学院城市规划专业任教，主要研究历史建筑与文化遗产保护，还是注册城市规划师。我在通读初稿后曾给出的意见之一是："这是我目前所见第一部写江西境内一个城市建筑及其历史演变的著述，如果写好了，是一个创造，可在江西起到引领和模范作用。从现实需要来说，江西也亟待这样一部著作的出版。因此这部书稿应该加以必要的也许是较大的修订，才可以担当起这样一份责任。"再就是可以看得出：作者是认真敬业的，在整理一批历史资料和地图、照片的基础上，参照一些前期成果和相关规划，且尝试与中国建筑史和地方建筑类型整理中的一些概念、术语及分类相联系，努力自成一说。还可以感受到：作者的心情是急切的，为现存的历史遗迹急，为九江的城市新建设急，为九江不可或缺的大规划理念急。我把这种显见的急切看作一种情怀，一个居住于此工作于此的九江市民的热心肠，是难能可贵的。

对比修订前后的内容，我尤感兴趣的地方之一，是本书对九江市内传统"坊""里"的记述与评论，其中又以"里"的内容充实为多，篇幅增加了三分之一，还增加了两个表格，即根据《地名志》统计了九江带"里"的地名表和老西园地区里巷表，加强了论证力度。依我浅见，至少有两点改进应予积极评价。

其一是关于"里"的出现及其功能。初稿说："清末民初，九江出现一种以'里'命名的居民区，其特点是'集合式'住宅，一个'里'中集聚了若干家庭。居住区以各种'里'留存下来的老地名不胜枚举。据 1932 年《九江指南》记载，当时城市中称'里'的户籍区域就有 59 处之多，如鸿轩里、明德里、久安里、新安里、新昌里、福康里、余庆里、长兴里、凤翔里、春安里、赓和里、四合里、兰陵里等。"修改稿的表述则进一步明确："20 世纪初，南浔铁路开通和九江老火车站的建设，带动滨兴洲的大规模开发与快速建设。在人口激增的条件下地皮迅速升值，为节约土地与建造成本，一种与传统民居不同的建筑形式'里'应运而生。其特点是'集合式'住宅，一个'里'中集聚了若干家庭。1932 年《九江指南》记载，当时城市中称'里'的户籍单位就有 61 处之多……""就空间分布而言，这些'里'绝大多数分布在当时的新兴区域（一区）——龙开河以西滨兴洲。据当年的户籍统计，滨兴洲区域以'里'命名的建筑数量多达51处，其次在旧西门外龙池寺（现甘棠湖北岸）一带有7处，而城内仅有3处。这些数据也体现了当时城内与租界等固有空间已经没有地皮可开发利用，而滨兴洲的持续开发则引导了新增人口向城西汇集。"因此"里"出现在九江的原因和时代背景就有了说明，或至少是"立"了一说。再就是从学术规范的角度看，"户籍单位"一词就比"户籍区域"严谨一些，尽管依然还留有不少缺憾。

其二是修订稿有了如下的简短表述："中国近代的租界城市，在城市迅速扩展的时期，为解决新移民的居住问题，很多城市都出现了以'里'为名的改良住宅产品，如上海和天津的'里弄'住宅、青岛的'里院'住宅等。"这样一来，本书至少找到了一个参照系，但同时也留下一个未尽课题有待深入探讨：九江市内"里"的出现，是受上海、天津、青岛等近代沿江沿海城市的影响和空间位移吗？

就一个城市的建筑物而言，古代的城门城墙、街巷，以及近代租界、教堂、修道院、医院和"刘胡兰食堂"等一批被众人记忆的纪念性建筑，不可谓不重要，在九江以及其他城市中，这些建筑物近些年来率先被关注并相继列入保护名录，也是必然的，值得赞同。但是同时也凸显出另一个悖论，即城市大众人群的居住空间（也就是通常所说的"民居建筑"）则常常成为被人忽略或遗忘的弱项。之所以如此，也有客观原因所在，即普通民居的建筑质量未必优良，细部的工艺未必精美，所用建材未必硕大名贵，而且这些年来城市大规模扩容过程中被整片整片"改造""新修"的，也主要是民居集中区，完整遗存的实体数量已有限。一个质量问题，一个数量问题，再加上知名度等问题，就导致了如此的现状。但是细想一下：一个城市中最多的人群应该是普通居民，而且也是操持百业的主要人员，他们的持业和经济状况等，又可能影响到城市某些街区的形成和景貌特征等。因而他们的居住状况不明不白，那就很难说一个城市的建筑形态和演变历史搞清楚了，要想讲清楚一个城市的生活史就更难企及。正是基于这样一个视角，我才说本书对九江"坊""里"的记述和解说尤其重要。也正因此，当本书继续说到这些"里"的规模大小不一，居民户数有多有少，并将其类比于现在的城市居住小区和组团时，则更加引发我的强烈兴趣并生成一系列的问题。譬如：同一个"里"的居民是同姓甚至同宗吗？或是同一个地方（籍贯）来的人？或是同一个行业的人？抑或出于其他某种我们还不知道的原因而住到一起？这些"里"的建筑材质是一样的还是各有不同？大小规模的不同是由什么来决定的？等等。如果这些问题逐渐搞清楚，那么"独立的集合式户籍单位"究竟是什么就可以坐实。

这些年来我考察了一大批江西历史文化名村名镇和名城，深感许多的村镇不是没有成片的传统民居或精美绝伦的单体建筑，而是制定保护规划者对其房主、对其工匠、对其建筑成本的高低和形制选取的原因等，都语焉不详。建房子住房子守房子的"人"看不到了，"建筑"和鲜活的"生活"脱离了，成了无源之水、无本之木，没有了生命力，所谓历史文化名村名镇和名城就只存外在形式而内里被掏空了。越是看得多跑得多，越是明白在传统时代，无论是城镇还是乡村，一栋建筑、一条街巷、一个地名，都与具体的人相关，都是在几十年甚至上百年中逐渐建造和形成规模，"人"与"物"两者扭结在一起密不可分。建筑之所以在变，是因为人在变，与他们的生活命运息息相关，并由此构成有血有肉的"地方历史"的有机部分。这才是历史文化名村名镇和名城应该更多保留的内容，这才是它们的传统精髓和历史风骨所在。或许这就是我借此序文申论"江西的城市生活史研究亟待深入"的原因所在。或许在对两位作者联袂考察和撰著深表赞许之后，还留下一句潜台词：九江这些"里"的老居民一定还找得到一些，如果可以集中做几个"里"的口述史调查，再结合城建档案加以比较研究，相信可以深化对一系列问题的解读。

本书还有一个亮点应该说到但无暇展开，那就是有关九江的"城市天际线"一章。这个概念虽然不是本书作者首创，但是用于解读九江城市景观及其历史变迁方面，还是颇有新意的，因为这必须具备城市规划和建筑学的学科背景才可以提出和运用。我用一个类比不知是否恰当：如果从海船上看过青岛市，如果在香港观赏过维多利亚港的夜景，如果从海上远眺过波士顿，恐怕就能理解如何从外部、从远处找到观察和观赏一个城市的独特视角。在江西的主要城市中除了九江，又有哪个地方还可以从长江中找到这样一个独特的观赏视角呢？这不正是九江特有的一个值得强化和彰扬的景观吗？

我还为作者感到庆幸的是：在第二章"九江民居"一节中，居然还有一幅那么清晰珍贵的《民初街区图》！目击道存，一幅图画可以胜过多少文字描述啊？！然而书中却未说明绘制者"郑光中"是谁，不能不算是一个缺失。因为绘制者如果是民初的人，那此图就是亲见亲历之作，可信度就很高；如果是今人，那就是创作和根据史料的描摹了，史料价值就远逊于前者。其他一些相关的资料征引，也还应有更详细的注释说明。书中的表头也应加上统一的编号，以便前后对应，以表助文。入世的情怀，新的视角，真实的问题意识，丰富的资料，再加上规范严谨的表述方式，才可以促使这本著述走得更远，有更大的说服力。

（2017 年 8 月 1 日）

◎ 不忘来路是我辈的责任 *

　　我与葆青君素未谋面，但两周前他寄来其父所写《山背情思》文稿时，我未感意外也未推辞。也许和今年寒假我做的两件事有关吧：一是系统整理了我的家族资料和前辈遗物，其中包括我祖母的长篇回忆录《我这一辈子》，从民国初年曾外祖参加同盟会开始，一直讲到改革开放，全文22000余字；还有先父珍藏的两封"母示"，原信写于1942年——父辈兄弟姊妹八人，当时他和一姊一弟均在八路军部队抗日。我将这些资料拍成照片并整理成电子文本，发到大家族的微信群中，引来众兄妹子侄的一片嘘唏感叹：老辈九死一生诚为不易，珍贵原件保留七十余年又何尝不难？！二

---

* 本文为冷景明《山背情思》（南昌，江西人民出版社，2017）书序。

是春节前为河南浚县张氏家族写了一篇谱序，起因是我带的一名硕士生两年前专程去浚县求读张氏族谱，才写成毕业论文并获得优秀奖，2016 年底张氏修谱托他求序，我的学生懂得念旧知道感恩，这个情我愿意替他还。何况其论文研究的主角是康熙朝张能鳞，官声好学问也好，为我所钦佩，借此序可与古人再作一次对话，是好事。该序我以《修好族谱写好民众的历史》为题，其中写了两段我近年多次表达的一种体验和见识：

对许多现年 60 岁上下的人来说，近三十多年是一个幸运的时期。幸运在于：结束那场造成巨大祸害的"文化大革命"后，他们刚刚步入壮年，此后不管在什么环境和岗位上，他们和整个国家的经济恢复、生活改善、对外开放、文化逐渐繁荣并且越来越多元的深刻变化紧紧地融在一起。他们既是这个过程的参与者和贡献者，同时也是这个大变化的获益者和见证人，无论是在家庭、事业还是社会影响方面，他们是有成就感的。近年来，这些人的空闲逐渐多起来，同时也是感慨良多，有许多的磨难经历、成功经验和人生体悟想说出来，希望传诸后代，告知世人。于是，一些文化程度较高的人就自己摊开纸笔，开始写自传体的回忆录，洋洋洒洒，一写都是十万字以上，然后自费印行，装订成册后送给亲朋好友甚至各地图书馆，也是自得其乐。

今人修好家谱还有一个意义我很看重：现在的大学生们离"民国"和"五六十年代"越来越远，我在上课时问过不少大学生，他们是否知道自己的直系祖先是谁，自己是第几代，在世系表（也就是民间所说的"吊线"）中的哪一部分可以找到自己的名字，以及对本家本族的前辈、平辈、晚辈如何称呼，等等。结果是不知道的人占绝大多数，而且很多人对此都不在意，让人觉得他们已经不懂得民间生活最基本的人情世故。如何使我们的大学生不再说出"爷爷的爸爸"这样的古怪称谓，怎样使他们避免"忘本"的尴尬，如何使他们在学习知识的同时也知道怎样尊老怎样做人，等等，牵涉到方方面面，前前后后，绝不是等闲小事，影响和意义就比一部家谱本身大得多了。

出于同样的思考，近十几年来我在教学中一直鼓励听课学生做家史和家乡调查，然后用白描手法把亲人和家园包括自己都记录下来，总的题目叫《我的家乡与家庭》。十几年下来，我积累了两千多份文本，其中有一批内容丰满精彩的，我就推荐到香港的学刊发表了，《光明日报》还曾对这种教学方式和理念作过专门报道。因此，当我接过《山背情思》文稿，看到"自序"《一个人的历史》中的一段话时，马上将作者引为同志和相知：

真正"活"的历史，就是由我们这些普通而又不平凡的灵魂凑在一起写就的。……我们小时候对长辈的记忆，对那个时候的人物、语言和一切遭遇的记忆，会决定我们对故乡的爱、对看不惯的人和事的恨，这种爱和恨，既属于个人，更铸就了一个地方特有的地域文化。正如没有百草园和三味书屋，鲁迅那个年代的"绍兴"就缺乏了载体一样，没有个人化的鲜活记忆和历史叙事，要深刻理解武宁、长久传承山背文化，是无法想象的。

葆青君还告知，其父冷景明先生也是江西师范大学毕业，也是1954年出生，这样一来，同学加同庚之谊更拉近了我和作者的感情联系。我还认为我们这一代人不仅有"故事"，而且很有些大关怀。在这个意义上说，为其作序不仅是我的荣幸，同时也就是在写我自己。我比景明先生月份小，我还从文中得知景明先生是1974级，早我三届，所以我当尊景明先生为学兄。

当展读景明学兄的文稿时，其图文并茂的形式给我的第一印象，就是很像我知道的一本书——百花洲文艺出版社2005年出版的《儿时琐忆》。作者是旅居海外四十余年的蒋彝先生（1903—1977），九江人，著名华人画家和书法家。《儿时琐忆》的副标题叫《一个中国人的童年》，除了《自序》和《结束语》外，一共写了48个小篇章，题目都很简练，譬如《我的家乡》《蒋氏一家》《三径堂》《六十二岁的"老童生"》《"白喜事"》《过年》《两桌春酒》《男女授受不亲》《闹元宵》《做寿》《八姨和九姨》《养蚕》《东家请客》《放鞭炮》《惜物》，等等。每个篇章都配了图，其中祖先人物和山水环境皆为工笔，民俗活动和一些物件则为比较规范的素描，细细数数一共配图99幅，很是生动形象。因为我对该书的出版做了一点推动工作，还写了一篇5000字的后记，所以也加深了我对该书的印象。蒋彝先生是画家，自己配图当为举手之劳，但我不知道景明学兄如何有得这手本事？《儿时琐忆》1940年在英国出版，《山背情思》于2016年成稿，却是异曲同工，想来这就是汉民族的深层文化所致吧！也是江西人抹不去的乡思情怀之结晶吧！因而人同此心，事同此理，即便时隔七十几年，相距上万公里，依然可以作此心领神会的对话和唱和，真是很有意思！

景明学兄从《童年篇》开始，其中所述所画的抽陀螺、跳房子、踢毽子以及城里孩子几乎没有见过的折纸玩具"东南西北"等，都是我很有亲切感的游戏，因为那是我们这代人才有的经历和一种技艺。我在课堂上曾向学生历数过我小时候自制的玩具和随手随地可以展开的游戏十种以上，而且明言当今学生的动手能力远远不如他们的父辈。景明学兄没有提到的还如双手翻绳，推铁环，滚弹子球，自制冲天炮、火药枪，端午节到处找同学"杠蛋"（就是拿着鸡蛋互相碰撞），以及扑香烟盒（就是景明学兄说的打纸标，只是他撕作业本，我收集父辈用完的烟盒，不同的烟牌和图案价值还不同），等等。儿时的记忆真是奇妙，好玩的和活泼的事居多。我们这辈人此生不多的幸运事之一，恐怕就是从小没有不堪重负的书包，下了课就是疯玩，而不必去上书法课、学外语或皱着眉头弹电子琴。如果我说我们是有过童真、童趣、童心的一代人，相信景明学兄是会同意的吧。

景明学兄对家乡的深深眷恋，一目了然。他说家乡的村子不大，四面环山，门前一条小河直流而下，小港因此而得名，分上、中、下小港。这就使我再次联想起江西民众生活的基本场景：一个小盆地，周边一片田，田地周边就是一个或若干乡村聚落，住着这片田地的主人或耕种者。再远或是周边一圈是山地，或高些或低些，但要想翻越就必须爬山。在盆地中间应该有条小路，还应该有一条水流，是祖辈去赶集、走亲戚或赶考的熟途，也是这个小盆地中的人与外界联系的唯一通道，很多地方是走不得机动车的，雨天则会泥泞不堪。景明学兄还回忆了抓麻雀，捕田老鼠，抓泥鳅和鳝鱼，用茶枯饼或巴豆"闹"鱼，甚至家里死掉的狗以及映山红、杨梅、野猕猴桃，等等。最后都有意无意地说到一个功能和动作，就是这些动物植物都能吃，而且也真的都吃了！对此景明学兄说得很直白也很客观："因为粮食不够吃，饥饿逼迫我们不得不上山拔笋摘野果。我们地处南方山区，有天时地利，条件得天独厚，我们对此也有兴趣。""我的印象中，野果更比人工培植的水果香。不知道是当时零食匮乏非常饿的缘故，还是因为原生态的绿色野果确实更加鲜美，又或者二者兼而有之呢。不管怎么说，反正就是能填饱肚子。"20世纪50年代后那段物资极度匮乏的时期，给多少人留下的童年记忆就是一个"饿"字！所以当时随时随地可以认得什么能吃什么好吃，也真是现在的孩童们不必要但也的确不具备的一种生存智慧和技巧！景明学兄通过自己的体力好赞美了母乳的伟大，说到农村孩子矮小一是遗传二是营养不足所致，我还想说可能还与南方农村的孩子很早就要挑担子被压得长不高有关。其实景明学兄已经提及在家种田时挑四块大砖，父亲怕他太小"会压驼背长不高"，而且他一辈子都保留了"驼汗肩"，就是从小长时间挑柴压的——我是1968年就插队下乡的人，每当"双抢"夕阳西下之时，人们随处可以看到这样的场景：爸爸挑满满一担稻谷走在前头，妈妈挑得稍微少一些走在第二，其后是哥哥姐姐依序挑着一个比一个轻些的箩筐，一个五六岁的"毛伢子"手上拿着几把镰刀，拖拖沓沓地断后。今日画家或文学家一定会从中看到诗情画意，但那个时代的我们真的没有这些雅兴，尤其是那些子女多的乡民家庭，尤其是在这种家庭中当妈妈的女人，真是压力沉重和疲惫啊！我想只有经历过同一个时代并体验或见识了类似的磨难，才能理解景明学兄谈自己的大病和对人生长短的思考，才能理解因为有真情牵挂而尽享弄璋弄瓦之乐。恐怕也正因此，我们无愧为当代中国最有生活韧性的一代人！

通篇读完，如果有机会让我做一个最佳内容评选的话，我会说至少有"六个一"，略述如下，也愿与景明学兄分享。

其一是"一个篇章"，即《生产队长篇》。江西有 15 万个左右自然村，"生产队长"一般指的是"小队长"，差不多就是一个自然村一个队长。村民成百上千，当过队长的就是那么几人，说是人中龙凤未必为过，更重要的是有此经历的人才最懂农村、农业和农民。该篇虽只寥寥五小章，但如果把每章内容放在高校课堂讲授，都不是一两小时完得成讲得清的，需要密密麻麻加上一堆注解，才能让现今的大学生懂得其中到底说了什么东西，以及为什么景明学兄要细细叙说一些今人听来无比陌生的术语和办事规则。如果你往大里看，那就是一部农村改革开放前后同时也是人民公社制度解体前后乡村变迁的"实录"嘛，诚为难得。

其二是"一个事件"，就是《生产队长篇》中的"一场本不该发生的山场纠纷"。其过程写得颇为细致，利益关系交代得十分清楚，操作步骤说得有条有理，最后结局可谓功德圆满——无论是在当年插队时所见所闻，还是这些年来的专题研究，都告诉我在江西的山区，这样的山地纠纷弄不好就是一场你死我活非死即伤的械斗（南昌附近旧称"打大阵")。结果是景明学兄既保护了本乡本土的利益，又避免了一场一触即发的流血冲突，于内于外，都是积德一场，诚为可贵。

其三是"一个场景"，就是《风物篇》中大黄麻母鸡认门回家的那个特写，真是充满了乡村人的生活智慧，且十分幽默机智！设想一下，如果哪部电视剧中有这样一个情节和场面，会不令人忍俊不禁，拍手称绝？！你让今天城里长大的学生们"脑筋急转弯"一百次，保管也想不到一个中间人用如此简单却又如此不容置疑的办法，就轻松搞定问题。景明学兄还追加了一个不无可能的担忧：假设那只母鸡在别人家关久了忘了归途掉头向西怎么办？根据我对江西乡俗的了解，如果真是如此，那么景明学兄的家人不仅要自认倒霉，还会因此蒙上不好的名声，这才叫"约定俗成"，这才叫"有言在先"。在过去以"耻感"为主要乡评的农村社会里，这种"名声"和"口碑"的约束力可是大了去了！今天的年轻人是很难想象和体会这一点的，所以现今才又在呼吁"家规家风"和"乡规民约"，就是希望再找到传统文化和道德在日常生活中那种入情入理的精致约束力。

其四是"一门技艺"，就是《生产队长篇》所写修筑堤堰的"砌坎"传统手艺，即"砌坎前，会在坎底部钉下坚固的松树桩，构成稳定的支架，使砌起来的河坝形成一个整体，使用松树是因为其油多耐浸泡不易腐蚀。在用不上钢筋和水泥的年代，修筑崭齐的平面河坝全靠石块与石块的契合”，这些都是很珍贵的技艺描述。我担任江西省“非遗”项目评审专家近十年，至今没有看到一个县份申报这项技艺的——在宋代以来的江南地区，为了排涝也为了防旱，哪个地方的百姓不要构筑地域性的小水利设施？尤其到了毛泽东时代，千军万马上水利，红旗猎猎挑大堤的景象哪里见不到？那一段一段的河堰堤坝都是当地百姓所砌，用什么木，采什么石，怎样打底怎样封边，花多少工费多少时，桩桩件件，无一不体现了祖宗千百年传承下来的智慧和心血。现在中国有各类病险水库四万余座，处理不好就会成为悬在附近百姓头上的潜在威胁，武宁山背的“砌坎”传统手艺还能起到一些作用吗？此外，如各地盖房建屋的大木作，山民用泥巴碎石加草筋米浆合成的干打垒（夯土）技术等，在江西民间沿用甚久，而且各地都有自己的工匠和因地制宜的技艺特色，现在都濒临失传，还没有引起地方社会的足够关注，更是令人痛心。也许景明学兄还可在乡亲中寻访一下，看看是否还有人懂得这门技艺并且可以讲出更多的道道，再加上实例，然后上报县一级文化馆或非遗办公室。真是希望武宁能在“打鼓歌”之外，再增加一项与百姓生存和生产密切相关的传统石砌技艺。

其五是“一段史料”，这与我多年研究的一个关注点有直接关系，就是景明学兄说的下面这段话：“云南一个冷家寨就有三万多人，普洱市思茅区技工学校主管教学的常务副校长冷文孝兄从 1990 年起一直与我联系至今，他说他就是通过碑石和家谱发现，他的祖先冷向阳就是跟随吴三桂征服西南，获胜后皇帝赐落户云南，祖籍是江西省南昌府武宁县新仁乡十一都。"按照这条史料记载，可能吴军在清初南下时就在江西征召了地方兵员，并带到云贵地区。但也不排除这个故事可能有另外一个版本，即在史称"三藩叛乱"的那场战争中，吴军的前锋就打到武宁、修水、瑞昌一线，与清军隔江相望而未能再进一步，然后在江西、湖南一带与清军拉锯三年，反复争夺。或者冷向阳等人是在这个时候被征召入伍的？这些还需要寻找机会研读其老家谱，才可望有进一步解答。我有心加以跟踪，可能需要景明学兄做中间人哦。

其六是"一个人物"，那就是景明学兄笔下的母亲，我认为是写得最细致最感人的亮点所在。而之所以细致，首先是因为母亲的经历充满传奇：来自不远之处，那处地域却被称为"湖北省"；有个红色故事的开端，却在受苦受难中度过了青春年华；婚姻、子女甚至最后的离世，都满是坎坷和深具悲剧色彩，让人感叹怎么如此多的不幸集中在一个人的身上！但是换一个角度看，正是因为有了景明学兄，作为母亲的她拥有了在家人族人面前的地位，获得了由传统乡村价值观决定和塑造的脸面与尊严，有了尽其一生悉心关照的对象和好好活下去的最大理由。相信有些生活技艺和特殊本事

（譬如土话说的"收吓"或"叫魂"，南昌这边俗称"收惊"），就是为了保护她的"满崽"而用心学成的。她还接生过几十个婴儿，在我下乡的地方这样的女人往往被视为"活菩萨"，过年过节都会有人来送些农家产品表示心意。如果要概括其母最突出的一点，我会说这是个有几分男人气概，敢担当敢出头的女性，热心肠是其外在表现之一。而景明学兄说的"母亲一生要人客是出了名的"这句话，更是入木三分，惟妙惟肖，说的是母亲做人一生获得的回报，是在家里和乡邻中的号召力和主事人地位。这样的女性在我身边就有一个，而且很多经历和景明学兄所述有惊人的相似，这就是我爱人的祖母——1908年出生的一个客家女子，姓蓝。据说是畲族，大脚板，风风火火的性格，不识字却张嘴就来古代的侠义故事，是土地革命时期的苏区干部，曾和蔡畅一起参加在宁都县召开的江西省苏维埃工农兵代表大会。后来没有参加长征的原因很多，其中之一就是家里只有一根"独苗苗"舍不得，结果是守来一个新中国成立后第一任泰和县县长，做母亲的脸上自然有光，更何况儿子就是本乡本土的干部呢。1984年我和爱人结婚，去她老家度蜜月，那是一个土话称为"酒坑"的山间小盆地，当时连电都没有。在那儿的十天里，我们大部分时间在做客，如果家里买了猪肉或豆腐等好菜，老太太就站在田埂这边一声呼喊，招来某家亲戚过来吃饭。因为村子不大，藤藤绊绊几乎都算七姑八姨，乡里乡亲家长里短的，老太太只要张嘴差不多都能摆平。"文化大革命"期间我岳父被打成"走资派"，孩子回家躲难，老太太教他们最多的一句话就是"做人要硬气"。现在又看见景明学兄笔下的母亲，使我更相信中国传统重"母教"是极有道理的，而且在寻常百姓之家，"母教"主要是靠母亲们的辛勤劳作和在紧要之时可以起到"顶梁"作用来体现的，对子女的影响甚大甚为长远。景明学兄的成长经历就是一个不争的事实，我还可以再加上身边一批事例附议呢。

景明学兄病后以十几万字回顾半生，应该很费心思和气血，一气呵成则难免还有谋篇布局或遣词造句的些许疏漏。如果问还有什么不足的话，我会建议全文内容再稍加调整。我理解景明学兄把《童年篇》放在第一位，是想从自己的"人之初"写起，孩提的幼稚、可爱和儿时无可选择的艰辛，在此作了交代。但我还是觉得缺少一个前提，无法解答读者上来就可能有的一些疑问：这是哪里的一个小孩子啊？他是怎么来的啊？他爸妈是谁？家境如何？等等。这就是有关家乡所在和祖先历史的盘问了。景明学兄或许可在全文之前再加上一篇短短的"开场白"，把自家村庄所属乡镇（过去的人民公社）、家庭成员（世系、房分）、周边环境、自己的受教育程度等先加说明。或者开篇为《家系篇》，将《风物篇》中的"以修族谱、祭祖先为载体的冷氏'家规家风'具备顽强生命力"和前辈迁徙经历等移到《家系篇》中，其次为《童年篇》，后面依序展开，就理顺了。

还有一点要特别提到，文稿还有一个缺失要补上：全书取名为《山背情思》，而且通篇以"山背"定义的名词有近30个，那么武宁县哪一片区域被称为"山背"？又为什么被称为"山背"？缺少开宗明义的说明，读者开卷阅读，难免云里雾里，心生疑问。查阅地方志等资料可知，旧武宁县城（现在的柘林水库区）以北属于幕阜山脉，明代嘉靖县志"山川形胜"篇记载："（武宁）北乡有南皋山、鸡笼山……"计二十余座山峰。武宁人遂将南皋山以北到幕阜山脉大山之间的一片山区（包括景明学兄写到的大洞、路口和横路三个人民公社，以及现在的官莲乡一带）习称为"山背"，这也是传统时期一片比较穷困的地区——以往"山背佬"之类的俗称，透着以县城人为主的平地人群对山里人的轻视和嘲弄。先说清楚什么是"山背"，不仅利于说明地域性的生活环境和文化对垒，而且也为景明学兄这个"山里娃"的来由和不凡作了铺垫："山背"里走出去一个大学生，这个大学生的后代又出了几个大学生，那在别人眼里还不是山里飞出一窝凤凰吗？去外面上学时还不要办好多桌酒吗？在冷氏大家族和邻里眼里还不会令人仰慕不已吗？——凤凰们是怎样飞起来的？谁来养育？如何培养？如此等等，至少我都想知道，相信其他读者也是如此。无论谁读景明学兄这十几万字，都会说他记得很清，写得很细，笔下的人真实而有生气，整体来说这一家人活得有故事，很精彩。我真心希望《山背情思》成为一部精品，让我们可以看到一批山里人走出来的鲜活历程。七年前我岳父写成20万字的回忆录《实践杂记》，有些文字我参与了整理，序言也是我写的。现在我又看见葆青君兄妹将其父亲的书稿录入并细心校对，我对其热情和用心深有同感。说来葆青君比我的独生子大几岁，与父亲能够如此沟通理解，已属不易。我期待更多的后生都有此情感，有此乡恋，并以为这才是一个心智健全，有血有肉，知冷知热的男儿；才可能欢颜仰对老，俯身与童言，解衣衣人，推食食人，做什么工作都可以有温度，有感情，暖人心。我还要说葆青君末尾那段话绝非多余：试想一下，如果山背人、武宁人、赣北人、江西人乃至各个省的人都把自己的经历、爱与恨、理想与奋斗记录下来，让本土的历史和文化丰富立体并得到广泛而有效的传播，这将是一个多么有文化定力和理性思考的民族啊！这不正是对中国民众生活史大数据的极大丰富吗？这不正是当下亟待建设的文化战略工程之一吗？葆青君不应该为其父、为自己已经加入了这项文化战略工程而欣喜和自豪吗？

（2017年2月26日搁笔于江西师大
南方古村镇保护与发展中心）

亦师亦友

◎ 一点感悟

（江西）师大研究生终于有了一块自留地，真为这一迟到的进步而高兴！约我植苗一株，理应支持。但须先说明：我非稼穑高手，自己还在寻求点拨。只意人到中年，亦似锄禾正午。得遇二三年少农夫，同来树荫之下，一壶水酒，几个小菜，汗退下去，心静下来；不见蝶舞，不闻雀躁；无适无莫，彼此视为同道；有心有意，欲效款款之愚，亦是田园一大乐事。

（一）读书真是美好的事

我至今没有研究生学历，这可能会成为终生的憾事之一。成年以后，我有过两次长时间读书的经历，真是美好。第一次是大学四年，从 1978 年 3 月开始，那年我 24 岁，与班上同学的平均年龄正好相等。那是怎样的一批同学啊！工农商学兵各种职业，年龄最大的和最小的相差 12 岁之多，一场"文化大革命"把这批本不该同堂读书的人聚到一起，既是不幸，又是幸运。那是怎样的一种学习热情啊！第一次开班务会，几乎全体同学都哭了——对不少人来说，能活下来便十分不易了，今日如做梦一般进了大学，谁敢奢望过这一天？！这样，抢回失去的时光成为自觉的动力，在很大程度上学习本身就成了目的。我们追踪每一本可以发现的好书，渴求最有学问的老师来讲课，按钟点排班 24 小时连轴转地传阅一部"伤痕"作品，甚至全文抄写有"犯忌"观点的长篇论文，因为那时还根本没有复印机这玩意儿。在许许多多的停电之夜，6 根蜡烛 6 个人，就像虔诚的教徒在读《圣经》！我们讨论、争议、判别、思考，因而也迅速成长、成熟，并由此奠定以后安身立命的知识基础。那四年，真美好！

第二次是 1990 年秋，去厦门大学中国经济史博士点做访问学者一年。那是毕业 8 年以后的再次充电，自己深知缺了哪些，寻觅什么。于是选了三门课，旁听了其他专业的一批论文答辩。此外的时间，几乎是规律性地走一个宿舍—饭堂—图书馆的三角形，最后吐出来近 9 万字的论文稿。更重要的是与一批博士相交，屡屡彻夜讨论，常觉如醍醐灌顶，得以再造！我深知这一次读书意味着什么，我用了近 10 年的持续发展来证实它。那一年，真美好！

不久前，读《百年北大》，怦然心动：我看到步入中年的北大人也表达了这种美好的感受。我知道这种感受是一个时代的产物，充其量只是程度的强弱不同，而绝无质的差别。

坦率地说，我在现在的不少研究生身上，看不到对读书的美好感受。

一代人有一代人的生活体验，不必强求心心相通。那么，换一种思维角度如何？

对于仍在稻田里胼手胝足，挤出子女学费，自己则永远离不开乡土的父老兄弟来说，读研究生是不是美好的事？

对于高考落榜，以后基本与高等教育无缘的少年同窗来说，读研究生是不是美好的事？

对于数年之后难免要收费读研的那个"必然"而言，身在拿工资，基本无生存忧虑的状态下，读研究生是不是美好的事？

对于毕业之后，很快且难免地要为家庭生活分心费事的那个"将来"而言，读研究生是不是美好的事？

……

美好的东西，就请珍视她！

（二）在江西读研的定位

不知从什么时候开始，每当在电视、广播中看到、听到有关各省状况的报道时，就会不自觉地排列比较江西所处的位置。

尽管常常令人失望，但仍然会这样排列比较下去。

也许这是多年来研究江西地方历史形成的一种职业习惯，也许是心中多少有了一些定位。

我想，在江西读研的人，或许可以有这样一些定位：

江西从来不是政治中心、经济中心，也不是文化中心。至迟从清初以来，这里的学术从总体上说就不入主流了。前些年所谓"三无"状态的存在，不过是这种"不入流"的恶性后果之一 ——由此而存在一个边缘与中心的差距。

绝大多数研究生来省内各市县乡村，生于斯、长于斯，至今没有走出过这块地方——所以思想、行事、为人都不免带上"本土"色彩。

在江西基本上只能受到硕士阶段的教育。从一种规范的学历教育来说，这只是一个中间阶段而并非研究生学习的结束；就毕业后立即就业而言，绝大多数人面临新生存环境的挑战——因而还将有一个选择度较大的发展空间。

因此，江西难以产生能够形成集团力量的优秀学子。

然而，江西年年不乏学有成就的后起之秀。

越是选择度大，越是容易花了眼、乱了心，以致无所适从。

越是选择度大，越要求把自己锤炼成强者，才不会浪费最好的机遇。

重要的不在于做什么，而在于怎样做。

（三）对学术抱敬畏之心

研究生中的多数人实际上不能以学术为职业，至少是因为饭碗没有那么多。

研究生中的多数人如果不想以学术为职业，却是令人悲哀的事。

一种完善、健全的学术制度，应该是让想做学术的人去读研究生，然后在研究生中挑优秀人才做学术。底座宽大而夯实，学术之塔才能筑得高耸，道理并不深奥。

那么，研究生就应该对学术抱敬畏之心。

"学术"又是什么？我粗浅理解为两个层面的内容。

首先，学术是一种客观存在，可以体现为一种职业。一批人专心致志地从事一种有意义且领域分明的思维活动，以求精深，探知前人之所未知，或对前人已知内容作出新的解释。这批人即可谓专门之家。时下人必言之的科技、知识经济，以及更应为人们关注的精神生活的进步等，都与这些专门之家的存在和水准高下有密切关系。这样，精深且有创造性的思维活动又具体表现为鲜活的个体。越是科学技术与人文学科发达的国家，这种个体的总量就越大，并且在更多的领域中领导潮流。

其次，学术是一种意境，是一种精神追求和生命旨趣。对此，古往今来的中外人士已有无数名言，无须赘述。我只想说我的一种观察：如果有人以平静的心态沉湎于也许是很冷门的研究中，如果有人在长时间的执着探讨和追寻中不理会生命的磨损，我知道他一定有了这种意境、价值观和乐趣。

四年前，一位香港中文大学的博士生来江西考察。她本科在台湾大学，硕士在香港大学，后来又去美国哈佛大学做过访问学者。我希望她给师大的研究生谈一些治学之道，不想她特意说了这样一句话："书读得越多，事看得越多，说话越平实。"

好一句平实的至理名言！

当"研究生"越来越成为一种世界村居民熟知的术语和身份的时候，江西的研究生不能不懂学术。

研究生将来完全可以不以学术为职业，但现在不应该不谈学术。

愿我们的研究生对学术抱敬畏之心。

（本文原刊于《师大研究生》"名师点拨"栏目，2000 年第 1 期）

◎ 让学生懂常人之事，按常情说话

推介两篇历史本科生毕业论文并谈体会

　　江西师大历史系今年恢复了本科毕业论文必须答辩的做法，论文不仅要经过开题论证，要和指导老师反复商议，而且查阅资料的工作也要受到检查，要求以写周志的办法加以记录。学生因此显得比往年紧张，论文的总体质量也比较好。老师对学生的"指导"关系，一般经历了两个阶段才确定：先是由学生报名，选择自己想做论文的专业方向，例如是中国古代史，还是地方史等；其后是把选择了不同专业方向的学生名单分别发到对口的教研室，由教研室把学生们召集起来，师生当面逐个商讨，一一认定"导师"。我是地方史教研室有指导资格的教师之一，指导了 8 名 2000 级本科班的学生，最后论文答辩成绩评定是 2 优 6 良。获"优"的男生为殷星桥，是学习委员；女生为刘秒伶，平时学习成绩约居中等。两人都没有准备考研究生的复习过程，所以其历史知识和专业理论没有因为准备考研而得到强化和提高，但也没有因为准备考研而分心，而是用了3个月左右的时间集中精力做论文，并进行多次的修改完善。现在，殷、刘二人的论文一并刊载于后①，是否成理、质量如何等，请读者鉴定，我不予评述，而只想说明我如何与他们确定了选题，做了哪些"指导"，原稿的哪些部分（哪一类问题）我做了改动，以及经过这样一个过程，实施并提升了我对指导历史本科生论文写作的哪些理念和认识等。祈望与同人共商，并得到教正。

（一）选好题，让本科毕业论文也有所贡献

这十多年来，无论是我自己写论文还是指导硕士毕业论文，都有一个越来越明确的追求，就是一篇论文写出来一定要有贡献。具体说就是不炒冷饭，不做重复劳动，要为学术发展尽力做一些建设性的工作。其实这是对一个学者的基本要求，尽管对自己而言也不是很容易做到，学生的论文就更

---

① 殷文为《〈河港课税分户册〉与清代以来地方宗族对河道的控制——以星子县板桥张、楮树咀张、咀上张为例》，刘文为《万安一个乡村礼生的历史与现实生活——以我的外祖父为例》。二文均载《华南研究资料中心通讯》，2005（39），此处从略。

要努力才能做到。

江西师大的学生多数来自县城与乡镇，当他们第一次谈地方史论文的选题意愿时，往往有相当一批人会首选其家乡的名人，如庐陵欧阳修、临川王安石、奉新张勋等。出现这种情况实在难免，并且完全可以理解：无论是我们的通史教育，还是他们平时在家乡所闻，都是几个标志性的"历史名人"，学生们对其他历史人物的了解实际上是很少很肤浅的；另外，在图书馆和其他地方文化部门，也比较容易找到关于这些名人的论文集、宣传册等，学生认为"有材料"可供参考，潜意识中多少有些图省事、走近道的企望。每当遇见这种情况，我作为指导老师，对已有研究状况和学术史的把握就十分重要。此时要尽量说明此类名人研究留下的空间不大，本科生论文因为时间和篇幅限制，都难以有所突破，容易平、浅、一般化，"贡献"就更谈不上了。所以如果有学生只想写人物而没有具体人选时，我一般会建议他们去关注地方的二三流历史人物——几乎都是空白，但地方社会有可能保留一批相关的资料，如个人文集、碑刻、墓志铭、家谱，以及可能存在于地方社会的一批口传材料等。学生如果可以在这方面下力气，哪怕只完成了材料的初步收集和线索梳理，"贡献"也就表现出来了：因为他可能是世界上第一个系统了解和研究这个历史人物的人！

然而，要真正做到"选好题"，最重要的还在于要学生掌握好的材料——史学研究的本质要求,还在于要有"史料",有说话的根据,本科生做论文首先应该懂得这一点。殷、刘二人的论文之所以做得令我满意,我以为最重要的一点是他们拿到了一批好材料。如殷星桥读到了《河港课税分户册》手抄本,并和谱牒加以对照;刘秒伶从其外祖父手上得到一批从事"礼生"活动的原始资料,如果不是家人或近亲,恐怕会"踏破铁鞋无觅处"。但是问题在于:怎样才可以让学生拿到读到"好材料"呢?关键在于先要和学生谈,而且不止一次地谈,多问,多启发。一方面是探讨做什么题目的可行性,另一方面其实也是在观察学生的学识、性格、表达能力和悟性等,就是个"量体裁衣"的过程。殷、刘二人就是在这种谈话过程中,逐渐把他们亲人的职业、活动以及收存资料的一些线索记忆起来,介绍出来,把他们的一些认知和感觉激活了。而一旦到了这种程度,凭我自己做研究的经验和直感,就知道"有戏了",值得跟踪深挖,往往还会有令人喜出望外的更多发现在后面。殷、刘二人在寒假期间的寻访和后来的几次补充调查,都印证了这种判断和预期。其实"有戏"的新材料又何尝只存在于学生的家中和民间?只要学生真正进入了图书馆古籍部,埋头于档案馆,未被发掘和利用过的史料实在太多,哪里写得完?!这一点,很大程度上甚至是起决定作用的,是看指导老师自己有没有积累,心里有没有一本账,是否知道各类资料大致的存藏情况,是否可以判断其价值，是否有明确而逐步深入的指导、有比较负责的定期检查，以促使学生查阅史料能"落实到位"，并看到"问题"。如果做到了这些，学生是会跟着老师走的，而且可以受到感动。学生积极性上来了，毕业论文才会做得好。一篇本科生毕业论文的选题，即体现了指导老师的学术旨趣和见识。在这个意义上说，一个题目选好了，论文已完成了一半。

（二）多交流，让学生学会以"常情"分析问题

客观地说，一旦面对来自地方社会基层的史料，尤其是一些手抄本、稿本等，就连一些教历史的老师也难以读懂，不知所云，更何况是一些尚未出道的本科学生呢？所以当学生茫然不解、不知所措时，指导老师就必须和学生多交流，多讨论。尤其是在让学生学会以常情分析问题方面，要多加引导。例如在指导殷星桥一文时，我就首先让他尽量了解现在和过去渔民使用的捕鱼手段（如"草网""铁脚网""爬网""放钩""张篆"以及鸬鸟捕鱼等）有哪些相同、哪些不同，为什么会有相同和不同等，使他意识到湖区民众的生产和生存手段有很长的延续性，对当代渔民现状的调查可以帮助我们理解历史文献中说的不少问题。其中的"常情"就是在一个基本相同的水网地带，作为个体的经济能力有限的渔民可

以使用的捕鱼手段也是有限的,"历史的延续"既是一种传统影响和学习的结果,同时很大程度上也只是对"现状"的一种无奈接受而已。在这样一种有很强制约性的生存背景下,"今天"和"过去"就不可能被截然分开,而是存在着很强的逻辑联系和因袭成分。又如刘秒伶找到其外祖父近三年做"礼生"的收入账目单,但不会分析,不知道如何以之说明问题。于是我先让她找到《万安县地名志》上的地图,要她把账单上提及的所有地名——标在地图上,然后以其外祖父的居住处为圆心,画出这位"礼生"的活动半径,并测量空间距离的远近。再把其"礼生"活动的具体事项逐个落实到这幅空间图上,实际上是让她关注其外祖父在老年时期的影响还有多大,换言之,也是要搞清楚来请其做"礼生"活动的人最远住在哪里。光是这一个关注点就足以引出一系列问题来,譬如交通是否方便,要不要借助交通工具,收费上是否有远近之别,等等。应该说,这两个学生都是颇有悟性的,在对上述问题加以点拨后,即收举一反三之效。之后的其他问题就会自己提出来了,不仅涉及的方面多起来,而且做好论文的自信心也越来越强。

这两篇文章的一个共同点,是关注了一个人或一群人的生活变迁史,并尝试与整个社会的变迁过程联系起来。我认为这样一种视角的培养在目前的历史教学中是十分必要和有特别意义的,可以上升到一种史观的高度来认识。客观地说,目前中国大陆本科教学中的"历史"课程，基本上还是没有"人"的历史——包括"名人"、大众、起义领袖、革命英烈在内，几乎都是抽象的符号而已。仅就我教的本科四年级学生而言，约有70%来自县、乡、村这个大的农村基层社会，但是如果和他们谈农村、农业、农民以及这些问题的历史演变，经常会发现很多的东西他们并不懂，或是视而不见，说不出所以然。究其原因当然很多，但我认为与我们历史教学中的内容关注和引导不无关系。我们历来习惯讲"不可抗拒的规律"，习惯讲古往今来的"红头文件"，习惯讲场面宏大的英雄史诗等，但很少从历史的角度（而不是从思政的角度、宣传的角度）去提请学生关注他们身边活生生的、小范围的、个体的事件史、生命史、生活史。仔细想想，前面所说的"常情"，无非是要学生在具体的研究中首先学会考察人们怎样生产、怎样吃住、怎样生活，以及这些情况的前后变化及其各种致因。我想这是历史唯物主义一些最实在、最基本的要素吧？但老师没有在这些方面下大力气，"历史"没有了血肉，没有了生气，而只是与学生无关的"过去"。学生到了大学四年级，还不会以此来观察现实问题，而一旦面对"史料"，看到竖行书写的、用繁体字表达的过去的社会生活内容，肯定就更茫茫然，更不知"历史"为何物了。

对学生的认识现状应予理解而不可苛求，但对老师来说，努力健全和提高学生的理解能力则是应尽之责。有鉴于此，从今年开始，我在给本科一年级学生讲授"江西历史与省情"课程时，做了两个改变：一是把重心和三分之二的时间放在"省情"上，以大量的照片和地图展示学生们以往在乡土环境中经常见得到的东西，结合提问，随时随物解释其从过去到现在的变化过程，也就是以一批实物的历史汇合为一个"历史"。二是作为平时考核成绩，要求每个学生写一份 4000～5000 字的家史，大的题目框定为《我的家乡和我的家庭》。学生起初觉得无甚可写，有些学生的第一个疑问是："乡下的事有什么好写的？"我的回答很肯定："乡下的农民也应该有人为他们写历史，你们的父母应该有人为他们写历史，否则，你是怎么来的？怎么考取大学的？"初稿出来后，我只要求补充不应缺少的方面，鼓励他们尽量写出前辈的迁移史、发展过程及生存现状。到学期末，应该说我收到了一批超出我预期的文字，其中有十余篇很令我感动且不免心酸。现在，我已将这批文字统统输入了电脑并将打印成册，我希望有更多的人读了它们之后会相信，大学一年级学生心中也有"历史"；我也相信，如果学生从大一开始训练，他们到大四做毕业论文时，会比他们的师兄师姐们更懂得"常人之事"，会更善于从"常情"来分析问题。

强调让学生懂得"常人之事"，善于从"常情"来分析问题，是因为还有一种认识和用心包含在内。那就是我们现在带的硕士研究生中，有一些是本科毕业保送升学的，一般

246

而言，专业基础比较好，外语不错。另外，近些年来可以看到越来越多的学术译著，老师在课堂做的理论介绍也比以前多，如"国家""社会""文化""权力""精英"等概念，可谓耳熟能详——结果常常会发现，一些研究生写起文章来，不是没有史料，而是史料就只是史料，甚至史料很丰富，但观点和结论是既定的，是前置的，归来归去必定回到那样几个概念中去，八股得很。结果，史料中的血肉没有了，具体的生活场景和复杂的社会关系没有了，许多细读进去会令人惊叹的"偶然""机缘"以及非常多的个人因素都不见了，这种"研究"的深度和可信度显然是应该存疑的。在某种意义上说，一些研究生因为知道了一些"理论"而找到了一种偷巧的方法，就是"套用"而不愿意动脑筋，不愿意去仔细标点史料，去推敲每句话的本来含义，不愿意把"话"和说话的"人"联系起来做动态的分析。所以，希望学生从本科阶段开始，就学会动脑筋，善于用眼睛去仔细看，用自己的生活经验和感性知识去体会，去悟。记得有一次听张兆和博士说他面对史料的时候，有"战战兢兢"的感觉，唯恐理解错了，解释错了。我想他是说光看见文字的东西，不一定能懂得文字表达的东西，以及文字后面的东西。真正要懂得"常人之事"，会用"常情"来分析问题，是不容易的，必须有不断的提醒和训练才可以做得比较好一些。

（三）留空间，为本科毕业论文的意义定好位

我对本科生论文的两个方面一般不加什么修改。第一是他们对以往学术史有一定了解后借鉴的一些论文观点，如殷星桥文中先后提到梁方仲、刘志伟、片山刚（日本）的观点，如刘秒伶文中竭力去与厦大刘永华博士的"礼生"研究相比较等。这些论文观点多数是我作为指导老师介绍的，既是为学生立一个参照之物，提供一种已有的"解释"，也是对学生的一种理论提高，开拓学生的思路。但是，不可企望本科学生在几个月时间里就真正吃透这些"解释"背后更深层的东西，学生的引用只能是很直接的，很"技术"的，甚至可能是很片面的，但不必深究和苛求，而更应看到学生知道了这些"解释"的存在，会加以引用，他们在论文的"问题意识"方面学了一手，就行了。第二是对他们写的结论（包括"前言""结语"等），除非我认为是完全错误的语句，否则都基本保留原文，所以各位读者还会在这些结论性的语句中看到稚嫩，感到不完善，甚至看到谬误——但我想这种"原汁原味"的东西，正代表了一个历史本科生做完一篇毕业论文时的认识水平和分析能力，如果将其改变了，那就分不清是"学生的"还是"导师的"水平和能力了，更可能因为导师改出了一个比较完善、"有水平"的结论，而与该文的其他部分表现出明显的不同，根本不是一个比较合理的前后呼

应，反而成为败笔。所以，让其保持一种比较和谐统一的本来状态是上策，我把这种做法称为"留空间"，就是说"不做满"，不把本科生的论文拔高到失去其本来面目的程度。我一直认为：历史本科生撰写毕业论文的基本意义，并不是检核其研究能力的高下及引用理论和观点的正误，而是让本科生通过这样一个训练，知道怎样引史料才规范，怎样措辞才可以和文学研究及其他人文学科的研究相区别，文风如何才算是基本合乎规矩的史学研究论文，用什么样的依据可以得出何种程度的结论等。符合这些要求的话，就是一篇基本合格的大学历史本科毕业论文。学生毕业以后，无论是否从事与历史教研相关的工作，他们都至少基本知道了哪些是和怎样写"历史学论文"，我们进行这番指导和训练的目的就算达到了。

（本文原刊于《华南研究资料中心通讯》，2005 年第 39 期）

◎ 向本科生调查和学习

近年来，我曾在一些场合说到我为本科生上课并做调查的做法；2005 年还在《华南研究资料中心通讯》第 39 期推介过两篇本科生毕业论文，并有专文谈体会。这样做，有时是情不自禁，有一种冲动想说想写。因此有朋友开玩笑说，这是因为近年我得过一些教学奖，在上课中找到了成就感。我承认的确有这方面的原因，但不尽然。现在熟识的朋友圈里，以 50 岁上下的人为多，给我的普遍感觉是都对上课越来越有心，越来越"想"上课。有时候辞朋友赶飞机急着往家去，一问都是为了上课来着；见面后聊天，也是时不时地提到发现哪个学生有悟性，属于可教之人，准备培养其读硕读博，等等。这些都是实例。仔细想想，恐怕还有一个重要原因是：现在我们的"上课"不仅仅是"讲授"，尤其不是

"讲完了就走"，而是希望影响更多的学生——从希望带出一些学生继续"做历史"，到使越来越多的学生因为听我们的课而生出新的思考，会感到关注"历史"的意义超出"历史课"本身，尤其是意识到平头百姓的历史必须加意留心和发掘，包括他们自己的家庭和家族历史都是"历史"的组成部分，不容忽视——这样的话，我们就把讲课从"历史专业"的课堂扩展到各种场合，而且可以面对各类专业的学生而同样有吸引力。本文以下想说的，就是自己在全校公共选修课中，向不同专业的本科生做的调查及其收获。

2003年下半年，江西师大开始设计和甄选"校本课程"。所谓"校本课程"，一般的理解就是学校认定有些"基本的"课程，本科生在校四年期间一定要选听一次。其地位有些类似于大学思政部或马列室上的全校公选课，但要有更多的专业含量，而且是由各院系的教师来讲授。第一批有10门课入选，历史系有"中国近代史""江西历史与省情"两门课厕身其间，我从一开始就担任后一门课的主讲，简称之为"省情"。从几年来选课人数统计，可以肯定还有不少学生并没有选"省情"课而照样毕业，说明"校本课程"是一种"导向"，是一个"趋势"，还不是"制度"。但对讲授这些课的教师来说，则无疑是得到一个放大了的讲课空间。而且还有一个特殊之处，就是在同一个课堂上，从大一到大四的学生都有，讲哪些内容，如何讲好，很大程度要看教师的课程组织能力、讲授的态度与技巧了。从 2004 年 3 月开始, "省情"首次开讲, 选课学生初为 56 人, 后来实际上课者 76 人, 11 个专业。此后又在 2005 年全年两个学期、2006 年 9 月至 12 月先后讲授三次, 听课人数在 80 到 120 人不等。另外, 从 2005 年开始, 因为选课人数增加, 又分出一个讲课班级, 由地方史教研室另一位老师讲授。这样的话, 2005 年以后每个学期选课的学生人数实际上增加了一倍, 两班合计, 约有 200 到 240 人。

"省情"的讲授细节兹不展开, 只想提及两点。一是讲课内容逐步实现多媒体化, 多用地图, 多用实地所拍摄的照片, 增强对学生的视觉冲击, 希望用最常见的图景勾起学生对家乡生活的记忆和情感。二是组织课程内容时始终遵循一个基本理念, 就是一定从与每个学生的日常见闻和生活命运相关的内容讲起, 而且尽量多讲。如: 一般要用一半以上的时间讲"江西地理环境"和"江西传统社会生活", 其中要用一批地图和照片来说明村庄的聚落形态、交通路线、集市、生产工具、庙宇、祠堂、民间崇拜的各种表现形式, 以及家谱等民间文献等。这样讲下来, 效果是显而易见的: 江西师大的本科生通常约有四分之三来自县城以下的基层社会, 当上述内容出现在他们眼前时, 可以想见他们起初的诧异和惊喜, 以及随之而来的热情反应和复杂心态。在开讲两至三次以后, 以下的一份调查问卷就在课堂上投影展示, 要求学生半小时内做完交卷，由此而展开向学生做调查的进程。

调查问卷一共26项内容，第一部分是学生个人基本信息，不赘述。以下是关于"我的家庭"和"我的家乡"两大部分的具体问项：

1.1 家庭成员中是否有人在外地打工（有／无）？如果有，是何人？在何处？

1.2 在农业税取消后，你们家还有其他的缴费负担吗（也就是还要上交什么钱吗）？如果有，要交多少？

1.3 家庭成员中是否有人信教（吃斋念佛／从事道士职业／信奉基督教或天主教）？如果有，是何人？

2.1 如果你的家在乡村，是平地、丘陵还是山区？生态环境情况如何？

2.2 如果家在乡村，所在的村庄有多少户？多少人？几个姓？哪几个姓的人多？

2.3 如果家在乡村，村里是否还有祠堂（新／旧）？如果有，有几处？

2.4 如果家在乡村，村里是否还有各种名称的庙（新／旧）？如果有，有几处？

2.5 如果家在乡村，村里是否还有比较集中的老（祖）坟地？

2.6 如果家在乡村，村里是否还有家谱（新／旧）？ 如果有，有几部？分别是什么时间修成的？

2.7 你自己上过家谱（就是名字被家谱收录）吗？如果上过，是在哪一年？

2.8 你家所在的村庄或乡镇出过古代或近代、现代的名人吗？如果有，你知道他（她）的事迹吗？

2.9 你还知道你的家庭或你的家族的故事吗？

2.10 在你的家乡或村庄里还有其他可见的历史遗物吗（如碑刻、牌匾、卖田卖地的契约、老的房子、古塔、古桥等）？

最后一项是："你还有什么希望诉说的事情或想提的问题？"末尾再留下我的电话号码和电子邮箱，以便今后联系。

我记得有位社会学家讲过以下的看法：一份好的问卷可使填写者不仅增加知识，而且会因此意识到一些未曾想过的问题。我不能说以上的问卷内容足以涵盖一个乡村社会的全部生活，但无疑可以了解到学生家乡一些最基本的信息，为我下一步的调查奠定基础。还有更重要的用意在于：提请学生应该注意这些事项，倘若还没注意过的话，请从现在开始——也就此阐明了我后面讲课内容的合理性和必要性。已经多次进行的这种当场作答，还留给我一个挥之不去的基本印象：相比之下，那些地地道道在大中城市长大的学生，常常显得比较"无知"——其实最后一问"你还有什么希望诉说的事情或想提的问题"，主要是留给他们的发挥空间，希望他们可以举一反三，写出自己在城里的见闻和家庭生活。但多数人语焉不详，有些人不仅没有去过自己的老家，甚至老家在哪里都不知道，这折射了当代城市与"传统生活"的疏离和城乡之间某种程度的断裂，也显示出城里孩子生活历程的单调和"苍白"，令人感到"穷人的孩子早当家"这句老话在今天可有一种新解。

接下来就是仔细阅读这些问卷，这要花一些时间。因为除了借此了解和分析各种乡土信息外，同时也在尽量针对每个学生提供的资料线索，设计进一步调查的重点——当讲课进行到三分之一阶段，在已经向学生讲授一些基本的省情和乡土生活内容之后，一个作为考试内容并占50%分值的课外作业开始布置给每个学生，建议他们利用节日长假、双休日，通过写信、电话询问等途径，做一项题为"我的家乡与家庭"的调查，然后形成正式的文稿，不得少于3000字——开初有些学生会惊叫字数过多，但通过老师的批改和引导、启发，有相当一批学生最后交来5000～10000字，写4000字以上者为寻常。还有个学生先写一篇，又交一篇，并说明后面一篇不是要成绩，就是想写出来给老师看，题为《殇之痛》，讲了外公外婆先后喝农药身亡的原因和经过，催人泪下，反映出当代农村老年人的生存状态问题。另外，每次都有约十分之一的学生谈到乡村基督教传播问题，都是以自己的亲友长辈（尤其是女性）信教为个案，非常生动具体。倘若我把每次选课的学生人数及其家乡分布看作一种随机抽样的结果，那么乡村信教人群的比重如此之高，就成为非常值得研究的一个课题。学生课后发来的邮件有如下表达："谢谢您对我们这些平凡人的故事那么上心，诚心地希望可以一直这样，我认为这样很好！"这是他们能给教师的最好肯定，也是本课很想使学生在日常关注和情感投向方面有所受益的地方，我将此归纳为"'让学生自己写自己''让学生把他们的生活环境和成长过程告诉我们'的教学互动"。读之，起码可以增加对当代世情百态的了解。而不少学生通过文字和课后面谈表现出来的情感变化和对良知的反思，则无疑是其精神层面的某种丰富。

此外，每次必定有一些学生写的文字提供了重要的历史资料或研究线索，这也是本课在设计时希望有所回报的一个重要方面——就此可以把"乡村调查"的"面"一下子扩大若干倍，"广种"定当有所收获。实际上，每次都有一批资料可说是我们未曾想见，令人喜出望外的。为了扩大这种成效，同时也是避免学生投机取巧，我对学生"不写什么"也有一个越来越明确的规定，就是不把篇幅放在地方的工农业发展指数、财政收入和"业绩"上，也不要写当地的旅游风光和景点——以杜绝少数学生利用现在越来越普及的"政府网站"做一点资料下载，一天之内交差了事；而是有意识地"挤压"学生抓住课程给予的这个机会，写他最熟悉、最有感受、最容易介入、最不为人所知，"天下唯此一家"的那些内容。而我给学生的明确承诺是：所有写成的资料，即视为家庭隐私，决不发表和公布。如果资料可贵，有利于研究或希望公布于众，一定会事先告知撰文的学生并征得其同意。所以，在第一次课堂问卷中要学生留下电话号码和电子邮箱，就是为日后的联系做准备。

以下，我在征得两位学生的同意后，公布他们所写的文字①，以说明我如何从中学到从前空白的知识并由此关注过去未曾注意的问题。《洪灾记》的作者为叶修忠，化学专业2004级学生，永修人。《草坵村制铳杂谈》的作者为邱罗生，历史专业2003级学生，南康人。文章我不作删改，有文字错讹处我加方括号标注出来；我认为尤其生动和有价值的记述部分，在其下加横线以示强调。他们知道的、写出来的和我因此知道的、有兴趣的、感到有价值的不加混淆，"学习"之意也在其中了。

（本文原刊于《华南研究资料中心通讯》，2007年第47期）

---

① 《洪灾记》2989字，《草坵村制铳杂谈》3980字，此处从略。

◎ "文心"入史亦相宜 [*]

永伟近期来信，希望我为他的著述写点文字，或序或跋皆可。我读了他的"自序"，很喜欢，因为我自己为数不多的著述都是"自序"，总觉得撰文之历程与其中甘苦，唯有自己知道得最完整最真切，"自序"不致欺人，尤不可欺心，实实在在，步步皆见脚印。近年有个现象，不知身为研究生导师者是否注意到：研究生毕业论文的质量是否明显提升暂且不论，但篇篇"后记"写得颇为好看，一除平日的唯唯诺诺和未必情愿的恭谨，字里行间显出蛮多真情。喜悦者不乏"熬出头"之欢呼，伤心者在此有一番刻骨铭心的吐露；

---

* 本文为郝永伟《南船北马总关情：元代江西文人诗集序文整理与研究》（石
  家庄，河北人民出版社，2015）"跋文"。

感谢词从导师一直说到关怀备至的师娘，对同窗的点名必无遗漏，且不乏戏说调侃之语以见亲密无间；最后是声泪俱下地感谢父母，外加可能存在的生命中的另一半。每个人的长进历程和故事显出不同，说了一些带体温的人话而不尽是套话，可贵的个性化的东西显现出来。所以我多次绝非戏言地提议，应将近十年或二十年以来的研究生毕业论文之"后记"加以编辑，冠名如《当代研究生求学心路记》之类加以出版，一定可以窥见今日校园和学界的林林总总，以及许多有意思的花絮甚至八卦。我已不记得当年永伟写的"后记"是否也是这个套路，但是在现在的这个"自序"中，我更多看见的是他研究生毕业后十年来的新东西，除了不少内容有新鲜感之外，看到的是他还在努力，还在用心，还在著述。也许是职业的原因使然，但我还是相信，不停笔耕，与图书为伴，的确可以使一个人的内心逐渐强大。永伟做人勤谨，懂礼数，有北士遗风，有时心也有点重。我相信读书、著书加上"做书"，都是他的精神支柱。或许正因如此，他还能坐得住冷板凳，愿为他人作嫁衣裳，还愿在尘世中体味乡愁。"活在当下，属于从前"，说得容易，做起来颇难颇难。对此，我喜欢，所以愿意写点感想和读后记，权作后跋而已。

元朝祚短，也历来是中国史研究中的冷门。至今为止，江西师大历史系的教师中，治元史者依然只有永伟的导师一人，可见当年永伟做论文时也是比较寂寞的一个。但是从地域文化史与中国古代社会生活史的演变来看，两宋到元代的江西，倒真是辉煌耀眼之处，是大儒并出之处，是人来人往热闹之处。所以从课题本身的内涵来说，永伟做江西元代文化史研究倒是很有话可说的。至于他提到江西一些有浓厚地域特色的诗人群（如崇仁、庐陵、清江、南昌、临川、安福等地的诗人群），放在元代看是这样，放到两宋下至有明一代，几乎还是这样，那么如何可以在元代承续不断，就显出其特别的意义了。借此次机会，我又比较仔细地通读了永伟的书稿，同时也是再次用心浏览了元人的文字。客观地说，尽管书稿后半部分涉及元诗风格和题材，以说明元代江西诗歌的成就，又从仕元、出世或甘心作为遗民等分析当时文人心态，但我觉得将永伟所述作为一个导引或是粗线条看，或许更加合适。因为只要沉下心来进入一大批元代诗文序中，你能读到、想到和悟到的东西，远比文字本身的表述要多得多。尤其如吴澄、虞集、揭傒斯等大家的序言，那种必从作者的原籍说起。必做不同区域与文风比较所体现的宽阔视野和鉴赏能力，能让我们看到多个文化人群和地域发展的历程。如果当今的读者去过当地，或是知道当地历史的演变历程，自然就会有新的收获和体会。

另外，我大致还回忆得起来，永伟当年选诗文集的序言做毕业论文，骨子里还是因为他"好文"。其实"文"与"史"之间还是存在着某种距离（或说是不同），所以我想，他在

260

著述中引入的许多序文，还留有不少深入解读的空间。譬如并非名人的庐陵刘诜的以下一段文字："亡友彭君翔云：诗锻炼精确，而不废真意，如幽林晓花，真寂不赏；如寒机夜织，神专而心苦；如深山遗老，语言近质；终有德人深致，如山醪溪蔌。或使富儿哂蹙，而知味者独有所领。盖苏老云：后数十年，天下无复有此文也已。"（见《桂隐文集》）在中文系无疑应将其归为"文论"，但要真正能够读懂其每句话的真实含义，恐怕还不得不借助"史识"和搞清"史事"才可以做到。所以我在阅读中获得的一个体会和感受是：纵向看，是"文论"，是历代文风的传承与演变；横向看，则是不同地域人群的不同生活历史。可以证明后一观点的一个证据，就是明清两代各地方志的"艺文"部分，都或多或少地收录了历朝历代的诗文集序言。究其辑录的本意之一，就是为了证实何时何地出了文坛的佼佼者，进而说明本地的文风之盛、人才之众并不输于他处。所以，如果现在还有人反问我"田野考察中哪里可以找到元代呢"这样的问题时，我倒是可以明确地回答说：一批元代诗文序地域指向甚为明确，这些元代即已存在的县乡村镇后来一直存在，而且到了明清及民国，还多出了一个更加可贵的文献形式即家族谱牒，记录的内容很可能更加精细和具体。将其前后联系、相互比较，能够证实和解读地域历史的作用决不可小觑。也许，这是江西元史研究可以努力的新去处之一。不知道我读永伟著述时产生出这样一些联想，算不算歪打正着，或是意外之收获？永伟日后应该还会在这块园地上耕耘，有机会继续证实或证伪，我很期待于此。

（2015 年 10 月 23 日于江西师范大学区域社会研究资料中心）

图书在版编目（CIP）数据

行走"江湖"：区域研究的学步与承传／梁洪生著.
北京：北京师范大学出版社，2024.9.--（行者系列）.
ISBN 978-7-303-30036-5

Ⅰ.K295.6

中国国家版本馆 CIP 数据核字第 202498P2Z9 号

营 销 中 心 电 话　010-58805385
北京师范大学出版社
新 史 学 策 划 部

XINGZOU "JIANGHU"

出版发行：北京师范大学出版社　www.bnupg.com
　　　　　北京市西城区新街口外大街 12-3 号
　　　　　邮政编码：100088
印　　刷：北京盛通印刷股份有限公司
经　　销：全国新华书店
开　　本：130 mm×200 mm　1/32
印　　张：8.375
字　　数：161 千字
版　　次：2024 年 9 月第 1 版
印　　次：2024 年 9 月第 1 次印刷
定　　价：59.00 元

策划编辑：宋旭景　　　　责任编辑：岳　蕾
美术编辑：王齐云　　　　装帧设计：王齐云
责任校对：丁念慈　　　　责任印制：陈　涛　赵　龙

版权所有　侵权必究

反盗版、侵权举报电话：010-57654750
北京读者服务部电话：010-58808104
外埠邮购电话：010-57654738
本书如有印装质量问题，请与印制管理部联系调换。
印制管理部电话：010-58808284